W0390411

BAEDEKER SMART

Gardasee

Verlag Karl Baedeker – www.baedeker.com

Wie funktioniert der Reiseführer?

Wir präsentieren Ihnen die Sehenswürdigkeiten am Gardasee wie in seiner näheren Umgebung in vier Kapiteln. Die Einteilung entnehmen Sie bitte der unten stehenden Karte. Jedem Kapitel ist eine spezielle Farbe zugeordnet. Um Ihnen die Reiseplanung zu erleichtern, haben wir alle wichtigen Sehenswürdigkeiten jedes Kapitels in drei Rubriken gegliedert: Einzigartige Sehenswürdigkeiten sind in der Liste der *TOP 10* zusammengefasst und zusätzlich mit zwei Baedeker-Sternen gekennzeichnet. Ebenfalls bedeutend, wenngleich nicht einzigartig, sind die Sehenswürdigkeiten der Rubrik *Nicht verpassen!* Eine Auswahl weiterer interessanter Ziele birgt die Rubrik *Nach Lust und Laune!*

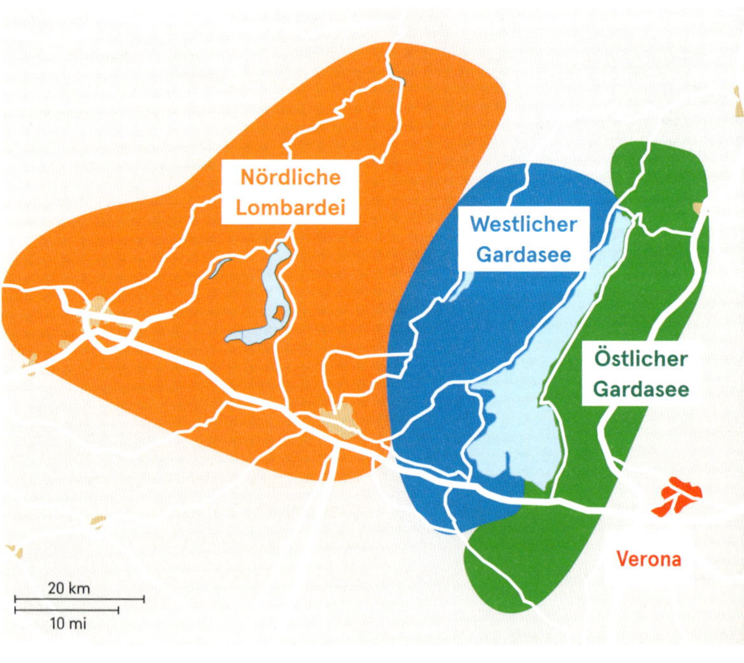

Nördliche Lombardei

Spaziergänge & Touren

Praktische Informationen

Magische Momente

Kommen Sie zur rechten Zeit an den richtigen Ort und erleben Sie Unvergessliches.

Herrliche Ausblicke garantiert: in Pieve di Tremosine am Nordwestufer des Gardasees.

1

2

3

4

5

6

7

8

9

10

★★ Baedeker Topziele

Was muss ich gesehen haben? Unsere TOP 10 helfen Ihnen, von der absoluten Nummer eins bis zur Nummer zehn, die wichtigsten Reiseziele einzuplanen.

❶ ★★ Sirmione

Der traumhaft schön am Südufer gelegene Ort prunkt mit einer der am besten erhaltenen Wasserburgen Europas. S. 42

❷ ★★ Malcesine & Monte Baldo

Das Castello Scaligero aus dem 13. Jh. ist das Wahrzeichen des Gardasees, der Monte Baldo an Hochsommertagen ein Fluchtpunkt vor der Hitze am Ufer. S. 72

❸ ★★ Garda

Eine wunderbare Uferpromenade (Lungolago), die Punta di San Vigilio gleich ums Eck und die Isola del Garda nur ein paar Bootsminuten entfernt: die ganze Vielfalt des Gardasees an einem Ort. S. 78

❹ ★★ Salò

Der Lungolago ist einer der elegantesten am See, die Atmosphäre gediegen, und auf Schritt und Tritt wird man an die bewegte Historie der Stadt erinnert. S. 47

❺ ★★ Riva del Garda

Ob Rilke oder Nietzsche – Dichter und Denker liebten das Städtchen schon früh. Ein wenig Grandezza und die schöne Bausubstanz sind geblieben, nun gepaart mit schicken Boutiquen. S. 81

❻ ★★ Piazza Bra & Arena di Verona

Wer säße nicht gern auf Veronas weltbekanntem Platz, die antike Arena vor Augen, und fühlte sich wahlweise wie Romeo oder Julia? S. 102

❼ ★★ Piazza dei Signori

Shakespeare war gut, aber im Zentrum Veronas steht ein anderer Dichter: Dante Alighieri, der in dieser Stadt seine »Divina Commedia« schrieb, die »Göttliche Komödie«. S. 106

❽ ★★ Piazza delle Erbe

Veronas »Bauch« – sein Markt – bietet dem Alltag eine Bühne vor grandioser Kulisse. S. 108

❾ ★★ Bergamo

Bergamos Città Alta mit der Piazza Vecchia gehört zu den schönsten Altstädten ganz Norditaliens. S. 130

❿ ★★ Lago d'Iseo

Von den bewaldeten Hängen der südlichen Alpenausläufer eingerahmt, birgt der Lago d' Iseo mit der Monte Isola die längste Seeinsel Europas. S. 136

Ein Gefühl für den Lago bekommen …

Erleben, was den Gardasee ausmacht, sein einzigartiges Flair spüren. So, wie die Einheimischen selbst.

Der erste Espresso nach der Autostrada

Am Parkplatz nach der ersten Serpentine, von Nago kommend Richtung Torbole, gibt's den ersten Kaffee, den ersten Aperol oder das erste Eis (von der Bar auf der anderen Straßenseite). Der Blick gen Süden ist grandios.

Tunnelfahrt wie James Bond

Von Riva nach Campione führt der erste Abschnitt der Gardesana Occidentale am Westufer durch ein gutes Dutzend Tunnels. Das begeisterte sogar die 007-Motivscouts: Für den Streifen »Ein Quantum Trost« waren Bond & Co. zwei Wochen zum Drehen am Gardasee, im fertigen Film wurden daraus zwei Minuten – aber die hatten es in sich!

Raddampfertour

Auf der »Zanardelli« oder »Italia«, zwei in den Jahren 1903 und 1908 gebauten Schaufelraddampfern, den See zu durchpflügen, ist ein Muss. Die »Zanardelli« verkehrt im Norden, die »Italia« im Süden. Auch die Einheimischen gleiten gern auf dem See dahin – allerdings meist lieber mit ihrem Segelboot. Alternativ dazu kann man sich in vielen Häfen ein kleines Motorboot mit 40 PS mieten, das ohne Führerschein gefahren werden darf.

Torbole morgens um halb sieben: ein See- und Seh-Schauspiel

Die ersten Sonnenstrahlen blinzeln über den Monte Baldo, und wenn jetzt der Pelèr, der steife Nordwind, einsetzt, glaubt man, ganz Torbole sei schon in aller Frühe auf dem Surfbrett. Nun zeigt sich der Lago wie von ungezählten Schmetterlingen bevölkert. Die Segel flattern farbenfroh übers Wasser, der Süden tut sich auf, und der neue Tag beginnt mit einem bunten See- und Seh-Schauspiel: Die Windsurf- Cracks zeigen Speed und Tricks auf dem Wasser, die Kilometerfresser fahren stattdessen die gut 2000 m lange Strecke zwischen Torbole und Riva wie am Fließband auf und ab. Immer wieder. Eine

Buona giornata! Claudio und Giacomo heißen uns in Torri del Benaco am Ostufer des Gardasees herzlich willkommen – ein Begrüßungsgetränk und etwas zum Knabbern inklusive.

Tunnelfahrt wie James Bond: Der Weg ist das Ziel – meistens. Unterwegs auf der Gardesana Occidentale am Westufer des Sees freut man sich dann aber auch auf ein Ende der Fahrt durch die vielen Tunnels und Galeriebauten.

Seeblick und Pasta um halb acht: Auf der Gardesana Orientale am Ostufer des Sees führt der Weg auch in den idyllischen Hafen von Castelletto di Brenzone.

wunderbare Atmosphäre – auch für die Zuschauer.

Seeblick und Pasta um halb acht

Abends, wenn der See am Ostufer im Gegenlicht der untergehenden Sonne seine Farbe vom grellen Silber in weiches Gold wechselt, sollte man wenigstens einmal einen Aperol oder Hugo und ein Abendessen an der Gardesana Orientale einnehmen und den Sonnenuntergang genießen. Ob auf einem Ponton in Torri del Benaco, auf dem Balkon im »Belvedere« in Marniga di Brenzone, direkt am Wasser mit Blick auf die Burg von Malcesine am Lido di Paina oder in einem kleinen Hafen wie dem von Castelletto di Brenzone.

Sonntagabend am Strand

Im Juli und August sind viele italienische Familien am See, über den ansonsten oft gesagt wird, dass er schon »fest in deutscher Hand« sei. Was angesichts der jährlichen Besucherströme auch gar nicht so übertrieben zu sein scheint. Aber wenn »die Italiener da sind«, verändert sich das Bild. Dann werden schon morgens Tische, Stühle und Sonnenschirme aufgestellt und die Luftmatratzen aufgeblasen. Nach einem langen, heißen Tag beginnt gegen halb acht das Familienfest mit Grill, Vino und Antipasti aller Art. Manchmal hat der Vater einen Fisch gefangen. Und manchmal wird man auf ein Gläschen eingeladen, wenn man den Tag in der Nähe verbracht hat.

Stimmungsvolle Zaubernacht

Der 15. August, Ferragosto, ist nicht nur der Höhepunkt der Urlaubssaison, sondern gleichzeitig einer der wichtigsten Feiertage Italiens. Und Desenzano del Garda ist genau der richtige Ort, um diesen Tag zu feiern – mit der *notte d'incanto*, der Zaubernacht. Tausende von schwimmenden Lämpchen und Kerzen werden zu Wasser gelassen. Der See glitzert und strahlt wie die Augen aller, die mitmachen oder auch nur zuschauen.

Ein Tag im verlassenen Dorf

Auf dem Mauleselpfad gelangt man in gut 30 Minuten von Marniga di Brenzone nach Campo. Ein Maler hat seine Staffelei aufgestellt, Schafe grasen, ein Esel steht regungslos in der prallen Sonne. Campo ist ein ruhiger, friedlicher Ort, der bis auf das 11. Jh. zurückgeht, aber heute baufällig und kaum noch besiedelt ist. Die meisten sind weggezogen: keine Straße, keine Zukunft, aber eine fantastische Atmosphäre.

Eine Nacht in der Limonaia

Der Blick auf den bauchigen Untersee ist umwerfend, und der Rand des Überlaufpools vereint sich optisch mit dem Wasser des Gardasees 300 m tiefer. Man kann noch ein wenig exklusiver wohnen am Lago, aber nirgends schöner als im »Lefay«: Das Feen-Resort oberhalb von Gargnano vermittelt das perfekte Lago-Feeling.

Landschaftsidyll nahe der Punta di San Vigilio
bei Garda am Ostufer des Sees.

Das Magazin

Der Gardasee ist das erste Stück Italien mit dem warmen Licht und der weichen Luft des Südens, mit Zypressen und Olivenbäumen ...

Seite 12–33

Berge, Fluss und Seen

Alle wollen an den Lago. Schon die Römer liebten den See, gefolgt von prominenten und weniger prominenten Gästen. Das ist bis heute so – und der Reiz erkennbar von Dauer: Denn die meisten Besucher kommen immer wieder gern hierher. Warum nur? Hier eine erste Annäherung …

Zwischen den Alpen im Norden und dem Apennin im Süden liegt die Lombardische Ebene, die der Po in zwei Hälften teilt. Italiens größter Fluss entspringt unterhalb des Monte Viso an der italienisch-französischen Grenze in der Region Piemont. Deren Name ist eine Ableitung vom lateinischen »ad pedem montium« (»am Fuß der Berge«). Da mehrere Gebirgszüge seinen Weg nach Norden und Süden blockieren, fließt der Po nach Osten. Unterwegs nimmt er Wasser aus den großen Seen auf, die die Geografie Norditaliens wesentlich bestimmen.

Auf einer Wanderung vom Pregasinatunnel in Richtung Riva zeigt sich der Gardasee von einer seiner schönsten Seiten.

In der Cascata del Varone bei Riva del Garda gräbt sich das Wasser seit mehr als 20 000 Jahren in den Fels.

Geboren aus Eis und Schnee

Während der Eiszeit flossen riesige Gletscher von den Alpen Richtung Süden. Sie suchten den Weg des geringsten Widerstands zwischen härteren Felsformationen und Höhenrücken und legten dabei auf ihrem Weg nach Süden die Talgründe immer tiefer. Bei ihrem Vorstoß wurde das durch den Druck und die Reibung der Eismassen zerriebene lose Gesteinsmaterial von den Gletschern an ihren Seiten (Seitenmoränen) und ihren Enden (Endmoränen) abgelagert. Beim Rückzug der Gletscher zum Ende der Eiszeit hin sammelte sich in den ausgeschürften Tälern Schmelzwasser, das durch die Moränen nicht abfließen konnte: Seen entstanden.

Vom Fluss gespeist

Der mit einer Fläche von knapp 370 km^2 größte See Italiens wurde in der Antike »Lacus benacus« genannt, nach einer keltischen Gottheit. Seinen heutigen Namen, Lago di Garda, verdankt er der gleichnamigen Stadt am Ostufer des Sees. Gespeist wird der bis zu 346 m tiefe Lago hauptsächlich vom Fluss Sarca, der am Nordende bei Torbole in den See fließt und diesen im Süden bei Peschiera del Garda – nun als Mincio – wieder verlässt.

Mit fruchtbaren Gestaden

Die fruchtbaren Uferzonen und der Reichtum an Süßwasserfischen zogen die Menschen schon in frühester Zeit an den Gardasee. Seine Fruchtbarkeit verdankte der Boden den Gletschern aus dem Brentamassiv, die magnesiumreiches Kalkgestein hierher transportiert hatten. An den nördlichen Ufern ist dieser Streifen sehr schmal ausgebildet, hier und an einigen Stellen am Westufer, wo die Berghänge bis direkt an den See reichen, gestaltete sich die Landwirtschaft entsprechend mühselig. Die Bauern konzentrierten sich deshalb auf Oliven und Wein an der Ostseite, Zitronen im Westen. Der Wein hat bis heute überdauert: Am See wachsen die Trauben für den berühmten Bardolino. Den Olivenhainen verdankt das Ostufer seinen Namen – Olivenriviera. Von dort kommt das exzellente Olivenöl. Zitronen wachsen dagegen nur noch vereinzelt an der Westküste des Gardasees.

Geschichte und Geschichten

Von den Pfahlbaudörfern der prähistorischen Seebewohner bis zu den ersten Feriengästen im 19. Jh.: Die Geschichte rund um den Gardasee ist voller Geschichten. Eine davon führte sogar zur Gründung des Roten Kreuzes.

Im Jahr 1842 wies die Turiner Zeitung *Il Risorgimento* (Wiedererstehung) die Italiener auf die Tatsache hin, dass ihr Land inzwischen fast völlig von Ausländern beherrscht wurde: Spanien kontrollierte einen Großteil des Südens, Österreich weite Teile des Nordens, das restliche Italien war in Kleinstaaten zersplittert. Die Zeitung schürte die Sehnsucht der Italiener nach einem wiedervereinigten Italien, für das in den kommenden Jahren noch viele ihr Leben opfern mussten, u. a. in zwei großen Schlachten im Jahr 1859, die nahe dem Südufer des Gardasees stattfanden: Am 4. Juni dieses Jahres besiegten die Franzosen die österreichische Armee bei Magenta. Diese zog sich daraufhin in ihre Festung in Peschiera del Garda zurück und stellte sich am 24. Juni bei Solferino südlich von Sirmione dem Gegner. Kaiser Franz Josef I. selbst führte die Armee an: Ihm gegenüber standen die Franzosen unter Napoleon III. und die Truppen von Sardinien-Piemont unter Viktor Emanuel II.

Von Mensch zu Mensch

Diese zweite Schlacht dauerte rund 15 Stunden. Einige Schätzungen sprechen von 40 000 Toten, sicher starben jedoch 25 000 Männer. Bei Einbruch der Nacht zogen sich die Österreicher in ihre Verteidigungsmauern in Peschiera zurück und überließen damit den Franzosen und Italienern den Sieg. Das Leiden der Verwundeten war furchtbar: In der Hitze des italienischen Hochsommers blieben viele stundenlang liegen, während um sie herum die Schlacht tobte. Dann ging ein heftiges Unwetter auf jene nieder, die überlebt hatten. Ihr Leid veranlasste den schweizerischen Geschäftsmann und Humanisten Henri Dunant zur Gründung des Roten Kreuzes, denn er erkannte im Angesicht des Geschehens: »Zivilisation bedeutet, sich gegenseitig zu helfen von Mensch zu Mensch, von Nation zu Nation.«

Sogar Napoleon war so erschüttert über das Leid und die Verwüstung, dass er Franz Josef umgehend einen Friedensplan unterbreitete. In eincm in Villafranca unterzeichneten Abkommen sicherte er dem »neuen« Italien die Lombardei zu, überließ Venetien aber zum Missfallen der Piemonteser weiterhin den Österreichern. Erst 1866 kam Venetien endgültig zu Italien.

Ein begehrtes Gebiet

Solferino war zwar die blutigste Schlacht, die in der Nähe der Seen geschlagen wurde, aber keineswegs die einzige. Die wohl verrückteste fand im frühen 15. Jh. statt: Die Mailänder Armee marschierte ostwärts, um Brescia, einen Außenposten Venedigs, einzunehmen. Die Venezianer sahen sich nicht in der Lage, die Belagerung vom Land her zu durchbrechen, und versuchten es deshalb über das Wasser. Eine Flotte von Galeeren, darunter Kriegsgalee-

An das Erbe der Langobarden, deren einstige Machtzentren in Italien zum UNESCO-Welterbe ernannt wurden, erinnert das Museo di Santa Giulia in Brescia. Zu den Meisterwerken der Sammlung zählen die »Geflügelte Victoria« (links unten), eine fast zwei Meter hohe Bronzestatue aus dem zweiten Viertel des 1. Jh.s, und das edelsteingeschmückte »Desiderius«-Kreuz (9. Jh., unten). Letzteres steht unter dem mit Sternen dekorierten Kreuzgewölbe der mittelalterlichen Kirche Santa Maria in Solario (links).

ren und Vorratsschiffe, wurde in Venedig zerlegt, auf Ochsenkarren verladen und bis an die Etsch transportiert. Dort baute man 26 Galeeren zusammen, ließ sie zu Wasser und ruderte flussaufwärts bis Rovereto, wo sie erneut zerlegt wurden. Von hier aus wurden 2000 Ochsen eingesetzt, um sie über den San-Giovanni-Pass zum nördlichen Gardasee zu schleppen. Es dauerte weitere drei Monate, bis die Schiffe den See erreichten. Aufgrund der prekären Lage in Brescia mussten die Schiffe in aller Eile ein zweites Mal zusammengebaut werden: Kaum einsatzfähig, ließ man sie zu Wasser und segelte südwärts. In Maderno stießen sie auf die Mailänder Flotte und wurden besiegt. Die Schlacht war verloren, doch am Ende gewann Venedig den Krieg.

Zeittafel

4000 v. Chr. Bereits in der Jungsteinzeit siedeln Menschen im Gebiet um das heutige Brescia.

1000 v. Chr. Kelten und Etrusker dringen in das Gebiet vor.

300 v. Chr. Die Römer drängen die Gallier über die Alpen zurück, das oberitalienische Seengebiet wird Teil des Römischen Reiches. Die römischen Überreste in Sirmione, Desenzano und Brescia zählen zu den schönsten in Norditalien. **Veronas Amphitheater** (Abb. oben) ist eines der besten Beispiele außerhalb Roms.

5. Jh. n. Chr. Das Weströmische Reich zerfällt, die Langobarden siedeln sich in der heutigen Lombardei an. Die Langobardenkönigin Theodelinde macht das Christentum zur Staatsreligion. Für ihre Verdienste um den Glauben überlässt ihr der Papst der Sage nach einen Nagel vom Kreuz Christi. Er wird in die eiserne Krone der Langobarden eingearbeitet, mit der die zukünftigen italienischen Könige gekrönt werden. Heute wird sie im Dom von Monza aufbewahrt.

8. Jh. Karl der Große besiegt die Langobarden und integriert das Gebiet in sein Königreich.

9.–10. Jh. Ende der Karolingerherrschaft: Die Langobarden erobern das Gebiet

zurück, werden aber später zunächst von den Ungarn, dann von den Sachsen verdrängt.
12.–15. Jh. Zeit der Signorien (Stadtherrschaften). Die Familie della Scala (Skaliger) herrscht über Verona und den Gardasee, wird dann aber von den Venezianern vertrieben. Im Westen übernehmen die Visconti und die Sforza aus Mailand die Herrschaft.
16. Jh. Die Venezianer beherrschen den Gardasee, aber das Gebiet westlich des Sees wird von Spanien kontrolliert.
18. Jh. Nach dem Spanischen Erbfolgekrieg in den Jahren 1701 bis 1714 fällt der Gardasee an Österreich, die westlichen Seen hält Savoyen. Napoleon befreit Norditalien, Österreich bekommt nach dem Wiener Kongress erneut Mailand und die Lombardei.
19. Jh. Das Risorgimento vereint die Italiener in ihrem Wunsch nach einem einheitlichen Staat: 1859 werden die Österreicher in der Schlacht bei Solferino geschlagen, 1870 wird Italien geeint.
20. Jh. Im Friedensvertrag von St. Germain im Jahr 1919 wird Südtirol Italien zugesprochen. Mussolini unterzeichnet den »Stahlpakt« mit Hitler (22. Mai 1939) und führt dann Italien in den Krieg.
1943 wird Mussolini gestürzt. Mit deutscher Hilfe errichtet er am Gardasee die Republik von **Salò** (Abb. unten: die Uferpromenade der Stadt), während die neue italienische Regierung Deutschland den Krieg erklärt. Partisanen erschießen Mussolini 1945.
1946 dankt König Viktor Emanuel III. ab, Italien wird Republik. Die Römischen Verträge von 1957 schaffen die Europäische Wirtschaftsgemeinschaft (später EU).
21. Jh. Der Rechtspopulist und langjährige Ministerpräsident (1994/1995, 2001 bis 2006, 2008-2011) Silvio Berlusconi wird 2014 wegen Steuerbetrugs verurteilt. Von 2011 bis 2018 übernahmen mit Mario Monti, Enrico Letta, Matteo Renzi, Paolo Gentiloni und Giuseppe Conte in nur sieben Jahren fünf Ministerpräsidenten die Amtsgeschäfte.

Fauna und Flora

Im milden Klima des Gardaseeraums gibt es eine große Artenvielfalt an mediterran-subtropischen Pflanzen und gleichzeitig eine wunderbare Kulturlandschaft mit Obst-, Oliven- und Weinanbau.

Die so oft gepriesene Garten- und Parklandschaft des Gardasees ist weniger eine Natur- als vielmehr eine Kulturlandschaft mit Obst- und Weinanbau, Feigen, Zitrusfrüchten und Ölbäumen. Einst gab es ausgedehnte Wälder von immergrünen Steineichen, die heute stark dezimiert sind. Alte Buchenwälder haben sich noch bei Prada am Monte Baldo erhalten können. Der immergrüne Lorbeer ist häufiger anzutreffen, seltener dagegen Judasbäume. Esskastanien reifen in höheren Lagen. Maulbeerbäume wurden ursprünglich für die Seidenraupenzucht gepflanzt.

Zypressen und Libanonzedern bilden neben Palmen und Agaven malerische Akzente am See. Linden und Ahorn wurden meist in Alleen gesetzt. Azaleen, Oleanderbüsche,

Prächtig gedeiht der Wein auch hier an den sich im Nordwesten des Gardasees erstreckenden Weinbergen.

Blühender Süden: im Garten des Rathauses von Limone, am Westufer des Gardasees.

Magnolien und Akazien verströmen ihren Duft im Frühjahr und Sommer. In den seltenen flachen und sumpfigen Ufergebieten findet man Röhricht und Binsen, Sumpfdotterblumen, Seerosen und Wasserklee.

Im Naturpark Corna Piana di Brentonico am Monte Baldo, der zwischen 1276 m und 1735 m hoch liegt, ist sogar noch eine voreiszeitliche Pflanzenwelt erhalten, zu der beispielsweise der Spinnweb-Steinbrech *(Saxifraga arachnoidea)*, die Klebrige Akelei *(Aquilegia thalictrifolia)* und die Dolomiten-Teufelskralle *(Physoplexis comosa)* gehören. Endemische Pflanzen sind das langstielige Monte-Baldo-Windröschen *(Anemone baldensis)*, das Südtiroler Labkraut *(Galium baldensis)* oder die weißährige Monte-Baldo-Segge *(Carex baldensis)*.

Bei Feinschmeckern beliebt ist der Monte-Baldo-Trüffel. Gleiches gilt für die Zitrusfrüchte, die Oliven für bestes Öl und die Trauben für einen guten Wein.

Im Parco Alto Garda Bresciano fühlen sich Hirsche, Rehe und Gemsen wohl. Es gibt Luchse und Hasen, im Naturschutzgebiet des Monte Baldo leben Auerhähne, Steinhühner, Füchse und Marder. Zur Flora des Monte Baldo gehören auch giftige Vipern, die aber sehr selten sind, und Skorpione, die sich besonders im Mai und September häufiger zeigen. Ansonsten tummeln sich auf den warmen Gebäudemauern Eidechsen aller Art, ab und zu sieht man eine Blindschleiche. Eindrucksvoll ist der Artenreichtum der Schmetterlinge, die im Blumenparadies des Monte Baldo ausreichend Nahrung finden.

In den Naturparks an den Flüssen Oglio und Mincio haben sich viele Entenarten, Blässhühner und Reiher niedergelassen. Möwen passten sich den Lebensbedingungen am Gardasee gut an, immer wieder sieht man an den Hängen Adler und Falken majestätisch kreisen.

Am Wasser leben vereinzelt ungefährliche Nattern: Besonders im August sieht man sie in Strandnähe aus dem Wasser lugen oder sich schnell unter den Steinen verstecken. Im Wasser erreichen Gardaseeforellen und Gardaseekarpfen beträchtliche Größen. Saibling, Aal, Schleie, Barsch, Hecht und Barbe sind aber seltener geworden.

Kulinarische Köstlichkeiten

Ein Geheimnis der italienischen Küche ist ihre oftmals verblüffende Einfachheit: Hochwertige Zutaten werden mit einem Minimum an Aufwand zubereitet, Soßen und Dressings nur sparsam verwendet. Die Zubereitung lässt so alle Zutaten voll zur Entfaltung kommen.

Grundlage vieler Gerichte ist nach wie vor die Pasta, aber es wird auch viel Reis gegessen – kein Wunder angesichts der ausgedehnten Reisfelder bei Padua, im Süden von Mailand und nahe Venedig. Die bekanntesten Reisgerichte sind Risotto *alla milanese* aus Reis und Safran sowie Risotto *alla monzese* mit Reis, Hackfleisch und Tomaten. Mantua hat ebenfalls eine Risotto-Spezialität zu bieten, eine reichhaltige Mischung aus Reis, Butter und Zwiebeln. Im Veneto ist Risotto *nero* beliebt, schwarzer Tintenfischreis.

Pasta gibt es in einer verwirrenden Vielzahl von Formen, die keineswegs alle gleich schmecken, wenngleich die Unterschiede sehr fein sind. Die beiden Grundformen bestehen aus Mehl und Wasser bzw. Eiern, Mehl und Wasser (Pasta *all'uovo*). Zur Pasta gehört immer eine Soße, am beliebtesten sind *al pomodoro* (mit Tomaten), *alla carbonara* (mit Speck oder Schinken sowie Ei), *alle vongole* (mit Muscheln), *alla bolognese* (mit Hackfleisch, Kräutern und Gemüse) oder *con aglio, olio e peperoncino* (mit Knoblauch, Olivenöl und scharfen Pepperoni). Zur Abwechslung können Sie auch Polenta aus Mais probieren. Außerdem gibt es in der regionalen Küche auch gerne Gnocchi – kleine Nocken, die aus Esskastanienmehl und Kartoffelbrei gemacht werden.

Überall in den kleinen Dörfern wie in den Städten findet man Pizzerien. Am populärsten sind die einfache Pizza *Margherita* (mit Tomatensauce und Käse) und die *Quattro formaggi* mit vier verschiedenen, oft lokalen Käsesorten.

Vorspeisen

Zu den regionaltypischen oberitalienischen Antipasti zählen *bresaolo* (luftgetrocknetes, gesalzenes, in hauchdünne Scheiben geschnittenes Rindfleisch) sowie *missoltini* (getrockneter, gern mit einem Tropfen

Ob am oder aus dem See: Genuss ist am Lago di Garda immer auch eine Herzensangelegenheit.

Essig, Öl und etwas Polenta angereichter Fisch).

Erster Hauptgang

Als Primi piatti gibt es Nudelgerichte wie Spaghetti, Lasagne oder Ravioli. Letztere sind – mit Käse und Butter serviert – eine Spezialität aus dem Raum Bergamo. Beste Tortellini kommen aus Valeggio sul Mincio, südlich vom See. Die Gemüsesuppe, *Minestrone*, wird oft mit so viel Gemüse zubereitet, dass sie, mit Brot gegessen, eine eigenständige Mahlzeit ausmachen kann.

Zweiter Hauptgang

Es überrascht nicht, dass man als zweiten Hauptgang, Secondo piatto, auf den meisten Speisekarten Süßwasserfisch findet. Unter den verschiedenen Arten sind Barsch (leicht in Olivenöl gebraten) und Forelle (vom Grill) besonders beliebt. Achten Sie in den Restaurants am See auf die endemische

Mit das beste Eis am Gardasee gibt es in der Gelateria Cristallo in Bardolino.

Gardaseeforelle *(Salmo carpio)*. *»In Carpione«* nennt man eine typische Zubereitungsart, bei der der Fisch in der Bratpfanne oder auf dem Grill zubereitet und danach mehrere Stunden lang in einer würzigen Essig-Wein-Marinade einlegt wird, um ihn anschließend kalt zu servieren. Ursprünglich erfunden wurde diese in einer Zeit, als es noch keine Kühlschränke gab, um den Fisch länger haltbar zu machen.

Bei den Fleischgerichten isst man gerne Kalb *(vitello)*, ob mit Wein *(cotoletta al vino bianco)*, Zitrone (*al limone*) oder als *cotoletta alla milanese*, der hauchdünnen Variante eines Wiener Schnitzels.

Vom Grill kommen meist Rind *(manzo)* und Schwein *(maiale)*, auch Lamm *(agnello)* findet sich auf den Karten. Besonders am Lago di Orta und in Mantua sowie in Verona kommt zudem Eselfleisch, *asino*, als Grundlage für verschiedene Eintöpfe auf die Teller.

Desserts

Die Italiener haben es zwar nicht erfunden, aber sie machen das beste Eis *(gelato)* der Welt. Besonders lecker sind auch *amaretti* (Mandelmakronen), und die *millefoglie* von »Perbellini« aus Verona ist ein Traum aus Blätterteig. Daneben gibt es Pannacotta und Kuchen aller Art. Den berühmten Mailänder *panettone*, einen Hefekuchen mit Sultaninen und Zitronat, reicht man in der Regel nur in der Weihnachtszeit.

Getränke

Beim italienischen Wein unterscheidet man verschiedene Qualitätsstufen – vom einfachsten DS *(denominazione semplice*, ohne besonderen

Qualitätsstandard) über DOC (*denominazione di origine controllata*) bis DOCG (*denominazione di origine controllata e garantita*, den höchsten Qualitätsstandard).
In der Region Franciacorta, um den Iseosee, werden ein sehr guter Rotwein und Sekt auf Champagner-Niveau hergestellt. Vom Ostufer des Gardasees kommen der leichte, trockene rote Bardolino, die schwereren Rotweine aus dem Valpolicella (Amarone, Ripasso) und der trockene weiße Soave. Der trocken- fruchtige Weißwein Lugana kommt vom Südufer und der schwere, rote Gropello vom Südwesten, aus dem Valtènesi. Zum Abschluss eines guten Essens trinkt man traditionell Kaffee – keinen Cappuccino, den gibt es meist nur zum Frühstück. Der traditionelle Kaffee, *liscio*, ist schwarz und stark und wird in sehr kleinen Tassen serviert. Die Italiener löffeln Zucker hinein. Der *ristretto* ist sogar noch stärker. Wem das zu stark ist, der trinkt *lungo* (mit heißem Wasser), *macchiato* (mit etwas Milch) oder *americano* (was dem heimischen Kaffee am nächsten kommt). Eine Alternative zum Kaffee ist heiße Schokolade (*cioccolata calda*). In der Regel ist sie so dick, dass ein Löffel darin stehen bleibt. Von Tee (*tè*) verstehen die meisten Italiener leider so gut wie nichts.

Italienisches Feuerwasser

Grappa, der traditionelle italienische Schnaps, kommt am Gardasee meist aus dem Trentino. Er wird aus zerquetschten Schalen und Traubenresten hergestellt, die bei der Weinherstellung übrig bleiben. Dabei wird die Flüssigkeit ohne Zuckerzusatz vergoren und zu einer klaren, trockenen Spirituose mit 40 bis 50 % Alkohol destilliert. Je nach Art der Trauben erhält man einen mehr oder weniger intensiven Grappa. Für Liebhaber besonderer Geschmacksrichtungen gibt es aromatisierte Grappas mit diversen Kräutern, Beeren oder trockenen Wurzeln. Hinzu kommen exzellente Destillate aus Früchten wie Aprikosen und Birnen. Gute Branntweine stammen auch aus der Abbazia di Piona am Comer See. Der Kräuterschnaps der Mönche, *gocce imperiali* (kaiserliche Tropfen), hat es in sich. In Salò wird das *Acqua di cedro* aus Zedratzitronen destilliert.

Kunst und Kultur

Von der Antike bis zur Moderne: Architektonisches Highlight der Region ist sicherlich das grandiose Amphitheater in Verona. Interessant sind aber auch viele Burgen und schöne Kirchen sowie die typischen, im 19. Jahrhundert am Gardaseeufer entstandenen Villen. Und wenn man in Italien von Kunst und Kultur spricht, geht es natürlich immer auch: um Musik.

Das Gebiet rund um den Gardasee ist eine gesegnete Region – reich beschenkt nicht nur mit Naturschönheiten, sondern auch mit den vielfältigsten Zeugnissen vergangener Kunst- und Kulturepochen. Und zwar bis in unsere unmittelbare Gegenwart hinein: So gilt das Museo di Arte Moderna e Contemporanea di Trento e Rovereto (MART) in Rovereto als eine der bedeutendsten europäischen Einrichtungen für moderne und zeitgenössische Kunst. Zu besichtigen ist all das in Kirchen und Museen genauso wie auf öffentlichen Plätzen, zu erleben gibt es das traditionelle wie das aktuelle Kunstgeschehen auf den verschie-

Romanische und gotische Formen vereint das Hauptportal des Duomo Santa Maria Matricolare in Verona auf beeindruckende Weise.

Ein Überblick

Prähistorie (4000–1000 v. Chr.) Auf der Isola Virginia, einer Insel im Lago Varese, einem kleinen See in der Nähe von Varese, finden sich Reste aus dem Neolithikum und der Bronzezeit. Auch die Pfahlbauten im Lago di Ledro (Abb. rechts) datieren aus dieser Zeit.

Römische Epoche (753 v. Chr.–5. Jh.) Unter den Römern wurde die klassische Form der griechischen Architektur weiterentwickelt. Die Arena in Verona zählt zu den schönsten römischen Baudenkmälern Europas. Die für die damalige Zeit typische Architektur stattlicher Wohngebäude lässt sich gut in der Villa Romana in Desenzano del Garda erkennen, die palastartige Villa in Sirmione (»Grotten des Catull«) zählt zu den größten, die je freigelegt wurden.

Langobardische Epoche (6.–8. Jh.) Zu den wenigen erhaltenen Relikten dieser Zeit zählt eine langobardische Kirche, die in San Severo in Lazise hinter dem Hochaltar freigelegt wurde. Schöne langobardische Schätze sind im Museo di Santa Giulia in Brescia zu sehen (S. 149). Mit einbezogen in den heutigen Museumskomplex sind die mittelalterliche Kirche San Salvatore

und das romanische Gotteshaus Santa Maria in Solario.

Karolingische Epoche (8.–9. Jh.) Die Kirche San Zeno in Bardolino stammt aus dem 8. Jh. Als eine der ältesten Kirchen Italiens zählt sie zu den wenigen Überresten aus karolingischer Zeit. Spätere Bauherren rissen die frühen Kirchen oft ein und nutzten die Steine für ihre eigenen Bauwerke.

Romanik (10.–12. Jh.) Der romanische Stil entwickelte sich aus einer Vermischung der Klassik mit orientalischen Einflüssen. Die Fassade einer romanischen Kirche in Reinform hat eine hohe, von einem Dreieck gekrönte Mittelfront mit dem Portal. Zu beiden Seiten stehen niedrigere Seitenschiffe mit geneigtem Dach. Das beste Beispiel dafür ist die Kirche San Zeno Maggiore in Verona. Tpyisch dafür ist auch der Dom in Cremona.

Gotik (13./14. Jh.) Die Architektur dieser Zeit geht auf die Zisterzienser zurück und wurde rasch von anderen Orden sowie von den Erbauern der Stadtkirchen übernommen. Der bedeutendste Architekt seiner Zeit hieß Arnolfo di Cambio. Gut zu erkennen ist seine Handschrift im Duomo in Salò.

Renaissance (15./16. Jh.) Die Renaissance bedeutete die Rückkehr zu der Symmetrie und den ausgewogenen Proportionen der klassischen Architektur. Die schönsten Gebäude dieser Epoche stammen von Palladio.

Barock (17./18. Jh.) Der Barock war eine – üppige – Reaktion auf die Strenge der Reformation. Ein schönes Beispiel dafür ist die Domfassade in Bergamo.

Klassizismus (19. Jh.) Erneut eine Rückbesinnung auf das antike, klassische Ideal und damit im venezianischen Raum vor allem auf die Architektur Palladios. Ein Beispiel dafür ist etwa das Innere des Duomo San Martino in Peschiera del Garda.

Jugendstil (frühes 20. Jh.) Nirgendwo anders in dieser Region bekommt man einen besseren Eindruck von diesem Stil als beim Besuch der Villen von Giuseppe Sommaruga in Sarnico am Lago d'Iseo.

20./21. Jh. In den ersten Jahrzehnten des 20. Jh.s war der Funktionalismus die vorherrschende Antwort auf die dekorativen Baustile vorausgegangener Epochen. Im Kern bedeutete dies, dass die Erscheinungsform eines Bauwerks von seiner Funktion abzuleiten sei. Im Gegensatz dazu vertrat Italiens faschistische Staatsbaukunst einen Neoklassizismus römisch-imperialer Prägung. Erst nach dem Zweiten Weltkrieg kam die moderne Architektur zum Zug: Der Venezianer Carlo Scarpa (1906–1978) befasste sich mit der »kritischen Restauration« (restauro critico), der aus Sondrio stammende Pier Luigi Nervi (1891–1979) war einer der bedeutendsten Konstrukteure von Stahlbeton. Zu den imposantesten Bauten der Moderne in dieser Region gehört das Museo d'Arte Moderna e Contemporanea di Trento e Rovereto in Rovereto (2002), entworfen vom Tessiner Stararchitekten Mario Botta.

Die Antike als Vorbild und Ideal: Palladios Villa Rotonda bei Vicenza.

Opernaufführung in der Arena di Verona: »Musik ist die höchste und die Wurzel aller übrigen Künste!« (Heinrich von Kleist)

densten Festen und Festivals rund um den See. Einen besonderen Stellenwert nimmt dabei traditionell die Musik ein, vom jährlich in Arco stattfindenden Pasqua Musicale Arcense über den »Vittoriale Konzertsommer« in Gardone bis zu den Opernfestspielen in Verona.

Musik liegt in der Luft

Oberitalien hat der Welt die Violine geschenkt – und so verwundert es kaum, dass es rund um den Gardasee eine starke musikalische Tradition gibt. Gasparo da Salò (geboren 1540 in Salò am Gardasee) und Andrea Amati aus Cremona (um 1520–1580) können jeder auf seine Weise Anspruch auf die Entwicklung der modernen Violine erheben. Wohl der beste Geigenbauer aller Zeiten aber war Antonio Stradivari (um 1644–1737), der ebenfalls aus Cremona stammt. Das Geheimnis seiner Handwerkskunst ist bis heute nicht ergründet. Man weiß, dass er die Wälder nach dem perfekten Baum durchforstete. Er nahm Ahorn und Fichte für den Korpus seiner Instrumente, Birnbaum und Weide für den Hals – aber seine individuellen Trocknungstechniken und die Inhaltsstoffe seiner Lacke sind noch immer unbekannt.

Auch berühmte Komponisten kommen aus der Region: Luca Marenzio (um 1553–1599) aus der Provinz Brescia, Claudio Monteverdi (1567–1643) aus Cremona, Gaetano Donizetti (1797–1848) aus Bergamo. Giuseppe Verdi (1813–1901) wurde zwar nicht in dieser Gegend geboren, siedelte aber seinen berühmten Rigoletto in Mantua an.

Es lebe der Sport

Der Gardasee ist ein Paradies – nicht nur für Surfer und Segler, sondern ebenso für Radfahrer, Mountainbiker, Wanderer und Kletterer.

Wo könnte man der Faszination Sport schöner und intensiver nachgehen als in einer so herrlichen Umgebung wie am Gardasee?

Baden, Segeln, Tauchen

Dank seiner schönen Buchten ist der Lago eines der ältesten Ziele von Badeurlaubern aus dem gesamten deutschsprachigen Raum. Rund um den See gibt es kostenfreie Strände (spiaggia) bzw. gebührenpflichtige Strandbäder (lido). Da es fast nur Kiesstrände gibt, empfiehlt es sich, Badeschuhe zu tragen. Jedes Jahr werden an 65 Stränden Wasserproben vom Regionalamt für Umweltschutz entnommen. Der See ist überall zum Baden freigegeben. Die genauen Ergebnisse sind abrufbar unter www.arpa.veneto.it und www.ats-brescia.it.

Der Lago ist auch ein beliebtes Segelrevier mit zwei Dutzend Segelklubs und -schulen, in denen auch Gäste willkommen sind. Hobbytaucher finden interessante Tauchplätze vor allem vor Riva (Nordufer), Salò

Ob Surfen oder Kitesurfen – am Lago ist immer etwas geboten.

Ob Wandern (oben: unterwegs vom Pregasinatunnel nach Riva), Klettern (links oben: in einem Klettergarten bei Torbole) oder Biken (links unten am Monte Baldo): Der Gardasee ist die perfekte Sportarena.

(Westufer) und Torri del Benaco (Ostufer) sowie vor Peschiera und Desenzano (beide am Südufer).

Windsurfen & Co.

Auf dem Gardasee setzt zum Morgengrauen der Pelèr ein, der bis gegen Mittag von Norden weht. Nach einer Zeit relativer Windstille beginnt dann von Süden gegen 14 Uhr die Ora zu wehen, die bis abends anhält. Solch verlässliche Winde kann man als ein Geschenk der Götter für jeden Segler, Wind- oder Kitesurfer bezeichnen. Am besten sind die Winde am Nordende, wo der See schmaler ist und die umgebenden Bergketten die Luft kanalisieren und damit für noch stabilere Windverhältnisse sorgen. Wasserski ist sehr gut bei Flaute möglich. Der Einsatz von Motorbooten ist in der Nähe beliebter Badeplätze und Windsurfreviere reglementiert. Ganz ohne Wind und Wellen kommt das E-Surfen aus, das vor einigen Jahren in Brenzone am Gardasee Weltpremiere feierte.

JP
RYDE HD
NEILPRYDE
NEILPRYDE
JP

Wandern ...

Der Monte Baldo ist das bekannteste Wandergebiet am Gardasee: Die Natur verwöhnt den Wanderer hier mit einer so herrlichen Pracht und Vielfalt, dass die meisten nicht nur einmal, sondern immer wieder hierherkommen. Drei Gipfel, darunter die 2218 m hohe Cima Valdritta, akzentuieren das sich auf einer Länge von 40 km hinziehende Massiv. Zum See hin fällt es schroff ab. Von Malcesine führt eine bequeme Gondelbahn zum Gipfel, auf dessen breitem Plateau sich viele Wandermöglichkeiten bieten. Beliebt ist der Sentiero del Ventrar, ein zweistündiger Rundweg ab der Bergstation, der aber Schwindelfreiheit und Trittsicherheit erfordert. An manchen Stellen ist er mit Seilen gesichert. Fantastisch sind die Ausblicke auf den See und Malcesine. Auf der gegenüberliegenden Seite eröffnet der Naturpark Alto Garda Bresciano vielfältige Wandermöglichkeiten: Im Valle delle Cartiere folgt man auf bequemen Pfaden dem plätschernden Forellenbach von Toscolano-Maderno aus zu den Ruinen von Papiermühlen.

Anspruchsvoll ist die sechsstündige Rundwanderung von Pregàsina über die Gipfel Cima della Nara und Cima al Bal. Immer wieder eröffnen sich fantastische Blicke auf den Lago di Garda und den Ledrosee. Vor allem die Passage zwischen den blumenübersäten Bergwiesen der Prati di Guil und dem zackigen Felskamm, der die beiden Gipfel verbindet, ist atemberaubend schön – aber auch schmal und teilweise schwierig.

Eine kindgerechte Wanderung führt entlang der alten Ponalestraße vom Ledrotal an den Gardasee. In steilen Serpentinen schlängelt sich der Weg rund 300 Höhenmeter bergab in Richtung Gardasee. Links steigt der Fels fast senkrecht empor, rechts fällt er ebenso steil in den See. Etwa zweieinhalb Stunden später erreicht man dann Riva.

Klettern ...

Das Mekka der Freeclimber ist Arco am Nordende des Gardasees, wo jährlich internationale Meisterschaften ausgetragen werden.

Radfahren

Für passionierte Radler gibt es ebenfalls eine breite Palette an Sportmöglichkeiten: von geruhsamen Radtouren in der Ebene über Fahrten entlang der Seeufer bis hin zu schweißtreibenden Bergtouren, besonders im Hinterland des nördlichen Gardasees. Ein Paradies für Mountainbiker ist zudem der bereits erwähnte Naturpark Alto Garda Bresciano.

In Torbole bringt ein Shuttle-Service die Radfahrer auf die Berge.

Zwischen Himmel und See: In spektakulärer Lage erstreckt sich Tremosine im nördlichen Abschnitt des Westufers rund 350 m hoch über dem Lago.

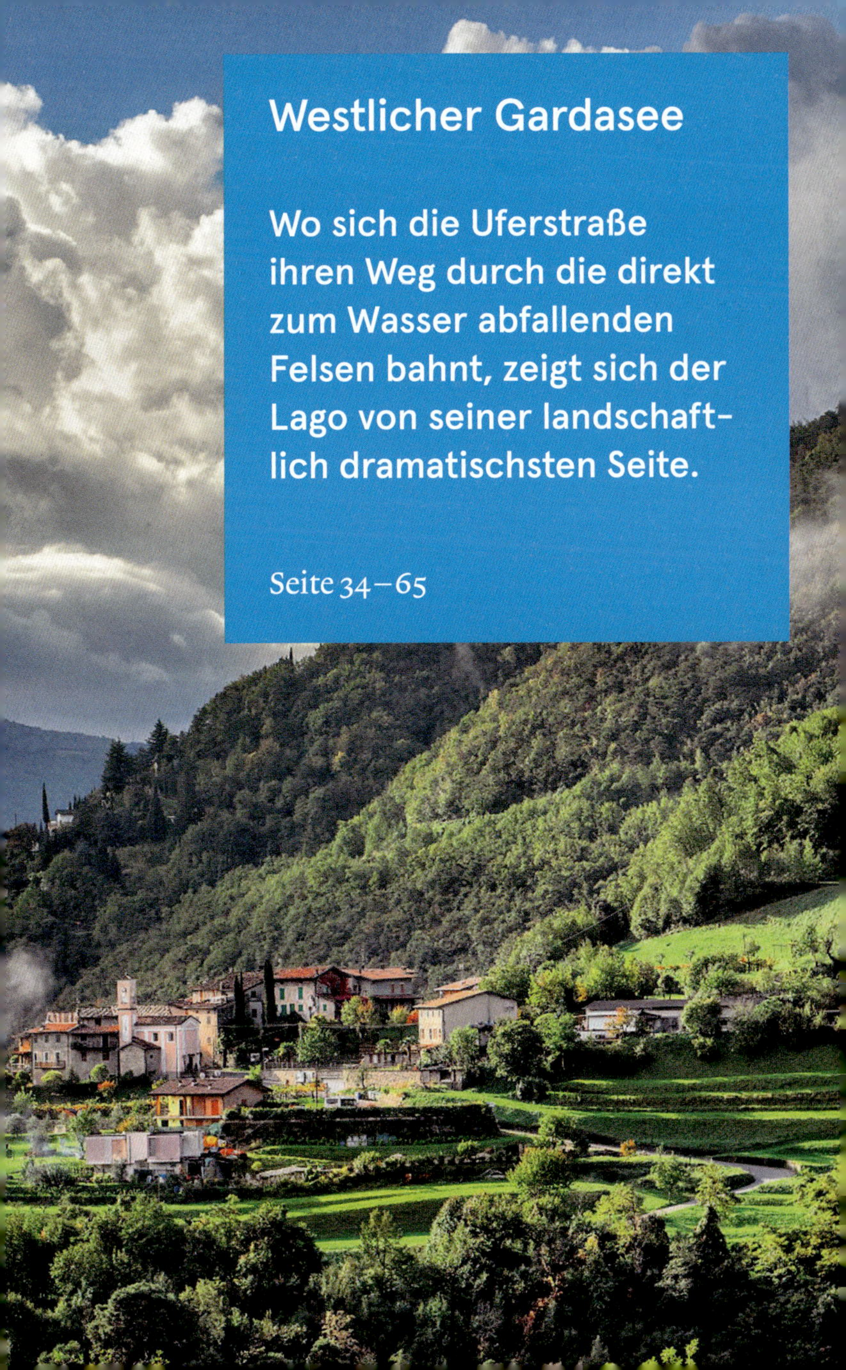

Westlicher Gardasee

Wo sich die Uferstraße ihren Weg durch die direkt zum Wasser abfallenden Felsen bahnt, zeigt sich der Lago von seiner landschaftlich dramatischsten Seite.

Seite 34–65

Erste Orientierung

Die Westküste des Gardasees wird auch »Limonenriviera« genannt. Das verweist auf jene Südfrüchte, die schon Goethe besang und die am See erstmals in dem ehemaligen Fischerdörfchen Limone angebaut wurden. Obwohl die Terrasse zwischen den Bergen und dem Ufer schmal ist, ließen sich die Reichen früher auf dieser Seeseite ihre traumhaften Villen bauen.

Die viel gerühmte Gardesana Occidentale, für die 74 Tunnels in die Steilhänge gesprengt werden mussten, führt am Westufer des Gardasees entlang von Riva del Garda im »hohen Norden« bis ins südliche Salò. Fast überall streben hier Felswände steil gen Himmel, trotzdem haben sich entlang der Straße sowie oberhalb an den Hängen viele liebenswerte Ortschaften eingerichtet, die alle ihren ganz eigenen Charme versprühen. Zu den besonderen Sehenswürdigkeiten zählen prachtvolle Anwesen wie das Vittoriale des exzentrischen Dichters Gabriele d'Annunzio in Gardone, das mit dem botanischen Garten der Fondazione André Heller gleich noch eine weitere Attraktion zu bieten hat. Das sich südlich anschließende Salò ist die größte Stadt am Westufer des Sees. Wer von der Küste auf die Hochplateaus von Tignale und Tremosine fährt, der findet dort ländlichen Frieden und grandiose Ausblicke vor.

TOP 10

❶ ★★ Sirmione

❹ ★★ Salò

Nicht verpassen!

⓫ Gardone Riviera

Nach Lust und Laune!

12 Lago di Ledro

13 Limone sul Garda

14 Tremosine & Tignale

15 Gargnano

16 Villa & Bogliaco

17 Lago di Valvestino

18 Lago d'Idro

19 Toscolano-Maderno

20 Isola del Garda

21 Desenzano del Garda

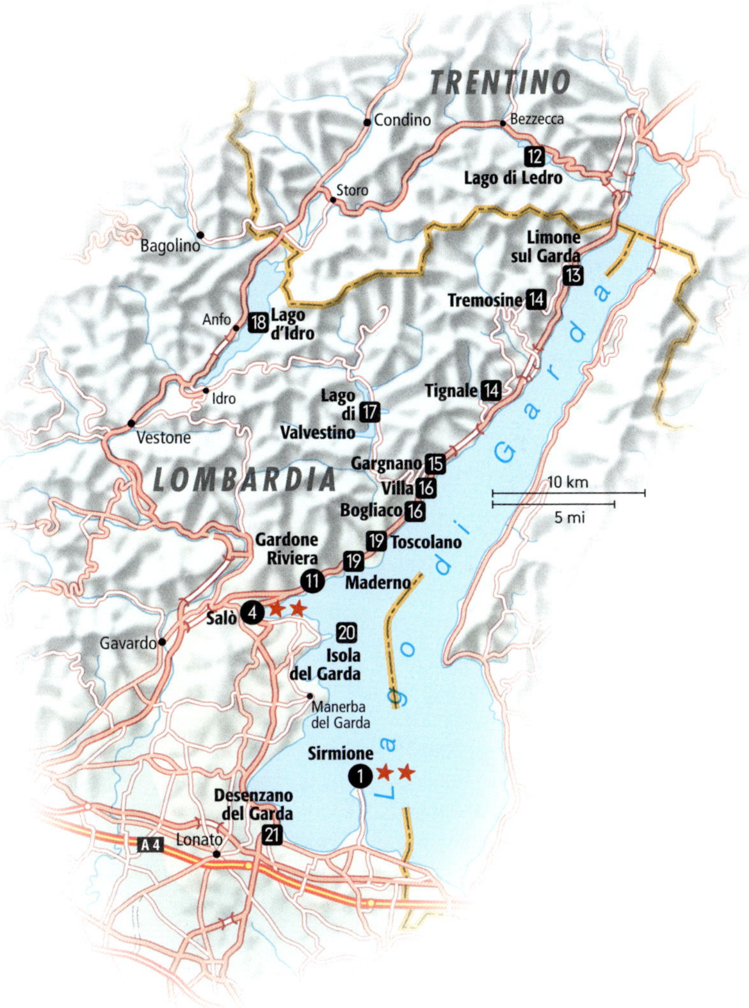
TRENTINO
Condino
Bezzecca
12
Lago di Ledro
Storo
Bagolino
Limone sul Garda
13
Tremosine 14
Anfo
18 Lago d'Idro
Idro
Lago di Valvestino 17
Tignale 14
Vestone
LOMBARDIA
Gargnano 15
Villa 16
Bogliaco 16
Lago di Garda
10 km
5 mi
Gardone Riviera
11
19 Toscolano
19
Maderno
Salò 4
Gavardo
20
Isola del Garda
Manerba del Garda
Sirmione
1
Desenzano del Garda
21
A 4
Lonato

Mein Tag in Nostalgie und Grandezza

Kaiser Wilhelm II., die österreichische Kaiserin Elisabeth und König Faruk von Ägypten waren Gardasee-Gäste um 1900, als winterliche Sonnenkuren angeboten wurden und sich erstmals Tourismus am See entwickelte. Heute wollen wir mal sehen (und erleben), was von der damaligen Grandezza übrig ist.

10 Uhr: Abfahrt zur Isola

Ein herrlicher Vormittag in ❹ ★★ Salò: Da draußen liegt sie also, die 20 Isola del Garda, des Sees schönstes Stückchen, ein Paradies aus Blumen, Architektur und Ruhe. Nichts wie hin (April–Okt., www.isoladelgarda.com)!

10.30 Uhr: Zu Besuch bei der Contessa

Die Überfahrt mit dem Boot dauert nur etwa 15 Minuten, und nun erwartet uns auch schon die Contessa Alberta am Piccolo porto der Insel. Sie trägt ein rosa Top, Jeansrock, Flip-Flops und zeigt ein Tattoo. Das passt zu ihrer freundlichen Begrüßung: »Bitte nennen Sie mich nicht Contessa!«, sagt sie. »Ich heiße Alberta und werde Sie nun über die Isola del Garda führen.« Sie ist eine von acht Besitzern dieser Insel – zusammen mit ihrer Mutter und den sechs Geschwistern. Charlotte Chetwynd Talbot, ihre Mutter, eine Engländerin, hatte sich einst in Rom verliebt, ohne zu wissen, wer der knackige Ragazzo war: Camillo Cavazza, damals der einzige Besitzer der Isola. Camillo ist gestorben. Charlotte und ihre sieben Kinder

19.30 Uhr: Zwei Sterne zum Finale
15 Uhr: Zwischen Wahnsinn und Genie
Ende
19.30 Uhr
Villa Feltrinelli
15
Villa Bogliaco
19 Uhr
18.30 Uhr: Schönbrunn am Lago
18.30 Uhr
19 Uhr: Flanieren am See
13.30 Uhr: Zum Lunch ins Casino
Lago di Garda
2 km
1 mi
Toscolano Maderno
13.30 Uhr
15 Uhr
Il Vittoriale degli Italiani
Ristorante Casino
Villa Florida
17.30 Uhr
Grand Hotel Fasano
11
Grand Hotel Gardone
Start
17.30 Uhr: Musik zum Kaffee
10 Uhr
4
13 Uhr
20
10.30 Uhr
13 Uhr: Wo der Himmel voller Geigen hängt
10.30 Uhr: Zu Besuch bei der Contessa

Zu Besuch bei der Contessa: Feudales Wohlleben auf der Isola del Garda.

bewohnen die Insel immer noch, Alberta logiert sogar im wunderschönen Turm.

13 Uhr: Wo der Himmel voller Geigen hängt

Wieder zurück in ❹ ★★ Salò, zeigt das Städtchen, was es hat: Historie, Kunst und Persönlichkeiten wie Gasparo da Salò – mit Andrea Amati und Antonio Stradivari einer der ersten berühmten Geigenbauer. Am Beginn der Seepromenade ist Gasparo ein Denkmal gewidmet.

13.30 Uhr: Zum Lunch ins Casino

Hunger! Jetzt zum Mittagessen: Dazu fahren wir nach ⓫ Gardone Riviera ins Ristorante Casino von 1909, wo die wohl authentischste Belle-Époque-Atmosphäre am ganzen Gardasee zu erleben ist; die Lage mit der Terrasse über dem Wasser ist fantastisch, und das Essen schmeckt sehr lecker!

15 Uhr: Zwischen Wahnsinn und Genie

Das Vittoriale degli Italiani liegt etwas oberhalb von Gardone und ist eine eigenartige Mischung aus Kunst und Kitsch, Grandezza und Kleinbürgerlichkeit. Zwei Stunden sollte man sich Zeit nehmen für Gabriele d'Annunzios Tempel, ein Potpourri, geschaffen aus einer guten Portion Dichterherz, viel Dandy-Genius und kaum fassbarem Militaria-Wahnsinn. …

Links: Vittoriale degli Italiani. Oben: Villa Feltrinelli.

17.30 Uhr: Musik zum Kaffee

Um 1900 genoss man hier Sonnenkuren, und der Hochadel gab sich die Ehre: Von alter Grandezza zeugen in ⓫ Gardone Riviera gleich zwei Grand Hotels: das Grand Hotel Gardone und das Grand Hotel Fassone. Spazieren Sie aber auch noch zur Villa Florida und bestellen Sie einen Kaffee: Von Gianmario Cipanis kleiner, feiner LP-Sammlung dürfen Sie sich ein Lied dazu wünschen!

18.30 Uhr: Schönbrunn am Lago

Nun geht es weiter nach »Schloss Schönbrunn« am Gardasee: So wird die Villa Bogliaco wegen ihrer Pracht genannt. Leider kann man sie nur von außen ansehen, da sie sich in privatem (Adels-)Besitz befindet.

19 Uhr: Flanieren am See

Ein kleiner Spaziergang durch 15 Gargnano, ein paar Kilometer weiter, zeigt eine ganz eigene Grandezza – die des Sees.

19.30 Uhr: Zwei Sterne zum Finale

Zum Abendessen geht es ins einzige 2-Sterne-Restaurant am See, in die Villa Feltrinelli – zugleich eines der besten Hotels in Europa. Nur wer einen Tisch reserviert hat (www.villafeltrinelli.com), bekommt Einlass in dieses Luxusrefugium mit stilsicherer Eleganz und perfektem Service – mehr Grandezza geht nicht!

❶ ★★ Sirmione

Warum?	Mitten im See und doch an Land – das bietet nur Sirmione
Was tun?	Auf jeden Fall den 47 m hohen Mastio besteigen
Wie lange?	Für das schmucke Städtchen lohnt ein ganzer Tag
Was noch?	Aus dem Vorort Lugana kommt der gleichnamige, sehr gute Weißwein …

Wenn Sie die A4 an der Ausfahrt Sirmione/San Martino verlassen oder der Straße entlang dem Südufer des Sees folgen, kommen Sie nach Colombare, wo eine Straße nach Sirmione abzweigt. Die 4 km lange Fahrt führt geradeaus gen Norden, dann wird die Halbinsel zunehmend schmaler, und die Straße mündet letztlich in einen Parkplatz. Sirmione ist autofrei – stellen Sie also hier Ihr Auto ab und freuen Sie sich auf einen der zauberhaftesten Orte am Gardasee.

Der Zugang zur Stadt erfolgt über eine Zugbrücke und ein Tor in der Stadtmauer, die im 13. Jh. von den Skaligern, den Herren von Verona, gebaut wurde. Vor den Skaligern, die neben der Stadtmauer auch die Burg errichteten, hatten die Römer in Sirmione gelebt.

Wasserburg

Die Rocca Scaligera wurde von Mastino I. della Scala als Garnison und Hafen für seine Galeerenflotte erbaut. Neben

Vom Hauptturm der Rocca Scaligera hat man einen fantastischen Ausblick.

Dante haben Dutzende Künstler den Bau bewundert. Die Burg ist heute zwar leer, aber allein der hinreißende Blick vom Hauptturm, der sich 47 m über dem See erhebt, ist einen Besuch wert. Türme und Wehrgang der Rocca sind von Schwalbenschwanzzinnen gekrönt. Das angeschlossene Museum zeigt einige schöne Galeeren.

Sirmiones Skaligerburg wurde bereits im 13. Jh. teils aus Natursteinen, teils aus Ziegeln errichtet, um die ihr vorgelagerte Altstadt zu schützen.

Altstadt

Nördlich der Burg drängt sich Sirmione auf rund der Hälfte der 70 ha großen Halbinsel zusammen. Der Ort ist ein Gewirr aus Gassen und Straßen. Wenn man sich von der Burg entfernt, liegt rechter Hand die Kirche Santa Maria Maggiore aus dem 15. Jh. Halten Sie nach der römischen Säule Ausschau, die die Erbauer in die Fassade integrierten. Wenn Sie Sirmione durchqueren, stoßen Sie am anderen Ende des Ortes auf die Thermalanlage Terme di Catullo. Schon die Römer nutzten die Heilquelle auf der Halbinsel. Das schwefelhaltige Wasser, das mit einer Temperatur von 60 Grad Celsius aus dem Erdreich unterhalb des Sees aufsteigt, soll besonders bei der Behandlung von Muskel- und Sehnenbeschwerden heilend wirken. Mehrere Hotels in der Stadt bieten ihren Gästen Thermalbehandlungen an.

In der Nähe der Thermalquelle liegt die Kirche San Pietro in Mavino. Sie wurde im 8. Jh. errichtet und um das Jahr 1000 neu erbaut. In der Kirche befinden sich einige schöne mittelalterliche Fresken der Veroneser Schule: Besonders sehenswert ist das Jüngste Gericht (14. Jh.).

An der Spitze der Insel gibt es Bademöglichkeiten, am Lido delle Bionde und bei den flachen Kalkterrassen der Punta Grotte, die rings um das Kap wenige Zentimeter über oder unter der Wasseroberfläche liegen. Von dort hat man einen der besten Weitblicke am See, sowohl als Ost-West-Blick über den »Bauch« als auch nach Norden.

Surfen ist zwar die Domäne des Obersees, dennoch macht der Untersee vor allem Warmwasser- und Schönwettersurfern viel Spaß (www.centrosurfsirmione.it).

Rocca Scaligera

Die mächtige, um das Jahr 1300 entstandene Wasserburg der Familie della Scala ist das Wahrzeichen von Sirmione und die bedeutendste Befestigungsanlage am Gardasee.

1 Mauerwerk: Die Mauern der Anlage bestehen aus Ziegelsteinen, die in der Nähe gebrannt wurden, und aus Naturstein, der vom nahen Hügel Cortine stammt.

2 Tor und Zugbrücke: Früher gab es hier eine Zugbrücke. Man erkennt am Tor noch heute, dass die Zugbrücke mittels Hebelkraft geschlossen wurde. Die langen Hebel, »Schwungruten« genannt, verschwanden beim Schließen in Mauerschlitzen, die über dem Tor zu sehen sind. Diese Ruten hatten ihren Drehpunkt in den Schlitzen, ihr äußeres Ende war mit Ketten am Ende der Brücke befestigt. Das innere Balkenende wurde nach unten gezogen, die Brücke hob sich.

3 Innenhof: Den rechteckig angelegten Innenhof umschließen massive Mauern.

4 Turmkomplex: Die Ecktürme sind durch Wehrgänge verbunden, zu denen Treppen hinaufführen. Vom 47 m hohen Hauptturm, dem

Mastio, genießt man eine herrliche Aussicht über den unteren See.

5 Hafen: Der große ummauerte, mit Zinnen versehene Burghafen ist einzigartig nicht nur am Gardasee, sondern im gesamten europäischen Festungsbau. Einst diente er der Versorgung und Verteidigung, heute wachsen hier Seerosen.

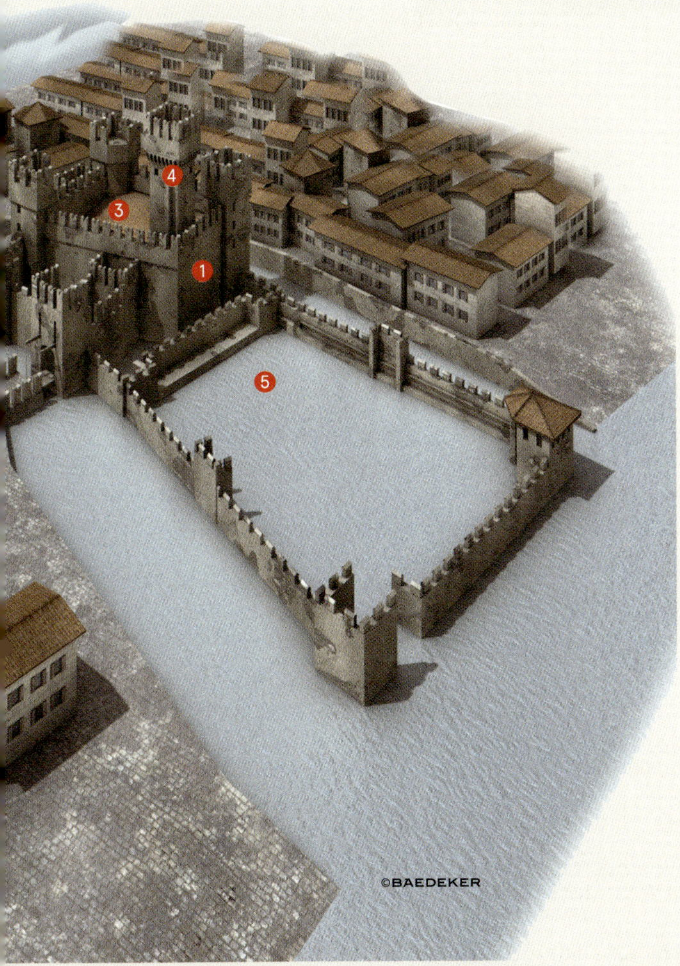

Bei den »Grotten des Catull« handelt es sich um die Reste einer römischen Villa.

Grotte di Catullo

Die Bezeichnung »Grotten des Catull« weckt falsche Vorstellungen, handelt sich doch weder um Grotten noch um einen Ort, an dem der Dichter Catull (der Sirmione in einem seiner Werke als »Juwel unter den Halbinseln und den Inseln in stillen Seen« bezeichnet) wohnte. Vielmehr sind es die Reste eines repräsentativen römischen Gästehauses oder einer großen Villa eines wohlhabenden Privatmannes. Die Bezeichnung »Grotte« oder »Höhle« benutzte ein Chronist in der Renaissance für den eingestürzten, überwucherten Komplex. Auch die fälschliche Annahme, es könnte sich dabei um den Wohnsitz Catulls handeln, kam damals auf. Einmalig sind die herrliche Lage auf den weißen Klippen oberhalb des Gardasees und die gewaltigen Ausmaße der Anlage von mehr als 20 000 m^2; sie ist die größte ihrer Art in ganz Italien. Erbaut wurde die Villa um das Jahr 150, eingestürzt ist sie wohl im 4. Jh. Nimmt man den nördlichen und südlichen Vorbau der Villa aus, so hat man eine rechteckige Anlage von 167,5 x 105 m vor sich. Da das Gelände nicht eben ist, wurden zum Teil Untergeschosse errichtet oder in den Fels gehauen. Diese Unterbauten sind es im Wesentlichen, die man heute noch sehen kann, von den darüberliegenden zwei Stockwerken mit Herrschaftsräumen sind keine Reste erhalten. Zwischen den Ruinen wachsen Olivenbäume, Rosmarin, Thymian, Minze und Oregano, die einen intensiven Duft verströmen.

KLEINE PAUSE

Ausgezeichnet und besonders bekannt für ihr gutes Eis ist die **Bar Ai Cigni**, Vittorio Emanuele 12.

---

i

186 C2

Castello Scaligero (Rocca Scaligera)
☎ 030 916468 April–Sept. tgl. 9–19; Okt.–März Di–So 9–16 Uhr
4 €

Grotte di Catullo und Museo
☎ 030 916157 www.grottedicatullo.beniculturali.it
April–Sept. Di–Sa 8.30–19.30, So 9.30–18.30, Okt–März bis 17 bzw. 14 Uhr 6 €

❹ ★★ Salò

Warum?	Salò hat den schönsten Lungolago am See
Wann?	In der Morgenstimmung mit dem warmen Licht auf die Bucht von Salò
Wie lange?	Ein Vormittag ist ausreichend, es sei denn ...
Was noch?	... Sie wollen noch zum Shoppen: Salò ist ein gutes Pflaster dafür!

Das gute Klima und die schöne, windgeschützte Lage in einer sanft geschwungenen Bucht zu Füßen des mit Weinreben, Lorbeer- und Olivenbäumen bewachsenen, 569 m hohen Monte San Bartolomeo wussten schon die Römer zu schätzen. Heute wird Salòs Einbahnstraßensystems schnell zum Labyrinth – besser vor der Altstadt parken.

Schon unter den Römern, die ihre hier gegründete Siedlung »Salodium« nannten, später auch unter den Mailänder Visconti (14. Jh.), die Salò zu einem ihrer Verwaltungssitze machten, sowie unter den Venezianern (1405–1797) war die Stadt als politisches Zentrum des Westufers der Dreh- und

Schön, schöner, Salò: flanieren an der Uferpromenade.

Ganz oben: Blick auf Salò mit dem sich am gegenüberliegenden Ufer erhebenden Monte Baldo. Unten rechts: Im Museo di Salò ist neben seiner Büste auch der Contrabasso Biondo des Geigenbauers Gasparo da Salò ausgestellt. Links: Im Dom von Salò.

Angelpunkt dieser Uferregion. Später lockte das milde Klima die Reichen und Vornehmen aus Nordeuropa an.

Im Jahr 1901 erschütterte ein Erdbeben die Region. In den folgenden Jahren wurde der alte Stadtkern komplett wiederaufgebaut, wobei man eine neue Uferpromenade anlegte, die nun auf Pfeilern im See steht.

Die Republik von Salò

In die Schlagzeilen der Weltpresse geriet die Stadt im Zweiten Weltkrieg, als sie 1943 bis 1945 Sitz der Repubblica Sociale Italiana war, der mit deutscher Hilfe errichteten letzten faschistischen Regierung Italiens. Vorausgegangen war 1943 die Verhaftung Benito Mussolinis. In einer riskanten Aktion wurde er daraufhin im Auftrag Hitlers aus seinem Gefängnis in den Abruzzen befreit und als Chef einer Marionettenregierung eingesetzt, die in Salò und Gargnano ihren Sitz hatte. In Salò wurden das Kulturministerium und im heutigen Hotel Laurin das Außenministerium eingerichtet. Im April 1945 wurde Salò von den Alliierten, die am Ostufer standen, beschossen. Am 29. April floh Mussolini an den Comer See, wo er und seine Geliebte Clara Petacci später von Partisanen ermordet wurden.

Duomo

Mitten in der Altstadt erhebt sich der Dom Santa Maria Annunziata, eines der schönsten Bauwerke der Spätgotik am See. Im Innenraum begegnet man einer überwältigenden Kombination aus dunklem Stein und helleren Gemälden, darunter Werke von Romanino und Zenon Veronese sowie ein goldenes Polyptychon von Paolo Veneziano. Auf dem Platz vor dem Dom gibt es im Sommer Konzerte.

Museen

Das Museo Civico Archeologico zeigt Ausgrabungen aus dem römischen Salodium; das Museo di Salò in der Via Brunati 9 gibt Einblick in die bewegte Vergangenheit des Ortes und seiner Bewohner. Präsentiert werden u.a. Werke des Geigenbauers Gasparo da Salò (1540–1609) sowie einige anatomische Präparate des ebenfalls in Salò geborenen Chirurgen Giovan Battista Rinio (1795–1856). Daneben beherbergt der Komplex auch das Museo del Nastro Azzurro, ein Militärmuseum. »Nastro Azzurro« bedeutet »Blaues Band«: Die Farben der italienischen Fahne sind zwar Rot, Grün und Weiß, doch Italiens Nationalfarbe ist Blau.

KLEINE PAUSE

Das leckerste Bio-Eis am See gibt's in der **Casa del Dolce** am Domplatz.

---

186 B3

Museo Civico Archeologico
Via Fantoni 49
0365 21423
Mo–Fr 10–12 Uhr
2 €

Museo di Salò (MuSa) mit Museo del Nastro Azzurro
Via Brunati 9 0365 20553
www.museodisalo.it
März–Mai u. Okt./Nov. Di–So 10–19, Juni–Sept. Di–So 10–20 Uhr
14 €

⑪ Gardone Riviera

Warum?	Nirgendwo sonst am See spürt man noch so viel nostalgische Grandezza wie hier
Wann?	Um beim Besuch des Vittoriale die größten Warteschlangen zu vermeiden, kommen Sie schon zum Einlassbeginn um 9 Uhr
Wie lang?	Ein Tag (inklusive Vittoriale)
Was noch?	Im Torre San Marco hatte Mussolini (s)ein Liebesnest

Das beschauliche Gardone Riviera war schon im 19. Jh. eine der elegantesten Adressen am Gardasee. Noch heute prägen das schöne Ortsbild ehrwürdige Hotels, noble Sommersitze und Prachtvillen mit herrlichen Parks.

Die Gemeinde Gardone setzt sich aus den vier Ortsteilen Gardone Sotto, Gardone Sopra, Fasano Sotto und Fasano Sopra zusammen.

Da unweit des Ufers schon die Hänge des Monte Lavino (907 m), des Pizzocolo (1583 m) und des Monte Spino ansteigen, drängen sich die noblen Unterkünfte in Gardone Riviera dicht am See. Oberhalb der Gardesana (Corso Zanardelli) schmiegt sich der alte und verwinkelte Ortskern, Gardone Sopra, an den grünen Hang. Die Berge schützen den Ort vor den kühlen Tramontana-Winden und bescheren ihm ein mediterranes Klima, das die Gestaltung eines schönen botanischen Gartens möglich machte. Nach Süden hin gehen Gardone und Salò fast ineinander über: Hinter Palmen, Zypressen und Oleander verborgene Palazzi bilden die Verbindung zwischen den Orten.

Lungolago D'Annunzio

Die breite Promenade wird von Restaurants und Cafés gesäumt. Zwischen den beiden Grand Hotels im Ort, dem Grand Hotel Gardone (1884) und dem Grand Hotel Fasano (1888) liegt der Turm San Marco, wo sich Mussolini mit seiner Geliebten Clara Petacci traf.

Vom Giardino Botanico zum Vittoriale

Im Heller Garden erwartet den Besucher ein Labyrinth aus engen, verschlungenen Wegen, die durch dichte Vegetation führen. Es geht an künstlichen Bächen und Seerosenteichen vorbei, die von kleinen Holzbrücken überspannt werden.

Im Uhrzeigersinn von ganz oben: Mitten im Zentrum von Gardone Riviera steht die neoklassizistische Villa Alba, direkten Seezugang gewährt das Grand Hotel Gardone, Bougainvilleen säumen die Straßen von Gardone.

Bänke laden unter Nilpapyrus, Lotusblüten und schwarzem Bambus zum Entspannen ein.

Der Park wurde ursprünglich um das Jahr 1900 von dem österreichischen Arzt, Zahnarzt und Botaniker Arthur Hruska (1880–1971) um seine Villa angelegt. Er pflanzte ca. 2000 Gewächse aus allen Klimazonen der Erde an. Das Herzstück des Gartens ist eine Miniaturfelslandschaft aus Dolomitgestein. Der österreichische Künstler André Heller erwarb das Anwesen in den 1980er-Jahren, als es zu verwildern drohte. Die Skulpturen im Garten stammen von ihm und Künstlerfreunden wie Mimmo Palladino. Das Areal ist thematisch gegliedert und beginnt mit dem asiatischen Raum. Es folgen Zonen, die sich mit den Alpen-, Duft- und Heilpflanzen beschäftigen.

Der Giardino Botanico ist heute im Besitz der Stiftung André Heller.

Vom Parkplatz neben dem Giardino Botanico führt ein Treppenaufgang hoch nach Gardone Sopra und zum Vittoriale. Kurz vor dem Eingang ins Vittoriale steht die Kirche San Nicolà (1740), deren Aussichtsbalkon einen herrlichen Blick über den See eröffnet. Das Innere ist mit Fresken und sehr viel Stuck ausgestattet.

Vittoriale degli Italiani

In Gabriele d'Annunzios Gedichten waltet »eine beinahe fieberhafte Farben- und Stimmungstrunkenheit.« (Hugo von Hoffmannsthal)

Gabriele d'Annunzio (1863–1938) war ein wortgewaltiger italienischer Dichter, ein »Kriegsheld« und erfolgreicher Casanova. Er selbst bezeichnete sich als »Interpret des menschlichen Wahnsinns«. Von 1921 bis zu seinem Tod lebte d'Annunzio in Gesellschaft seiner Frau und mehrerer Geliebten in seiner skurrilen Villa am Gardasee. Politisch fühlte er sich Mussolini verbunden, als dieser noch ein unbekannter Sozialist war. Die Nähe zum Faschismus, der ausschweifende, unkonventionelle Lebensstil, seine Egozentrik brachten d'Annunzios schriftstellerisches Werk ins Zwielicht. Bereits mit 16 Jahren hatte er seinen ersten Gedichtband veröffentlicht. Bekannt wurde er durch den im Jahr 1889 veröffentlichten, von Nietzsche beeinflussten Roman »Il Piacere« (»Lust«). Er bekannte sich zu einem heidnischen Sinnen- und Schönheitskult und wurde so zu einem der am meisten umstrittenen Lyriker Italiens.

»Vittoriale degli Italiani«, »Siegesdenkmal der Italiener«, hat d'Annunzio sein Anwesen genannt, das er aber doch mehr als skurrile Selbstbeweihräucherungsstätte gestaltete. Zum heutigen Museumskomplex gehören ein großer Park (Vittoriale) und das Wohnhaus (Casa d'Annunzio) des Dichters. Zunächst kommt man am Freilichttheater vorbei, in dem im Juli und August Konzerte, Ballett- und Theateraufführungen stattfinden. Im Schifamondo (ital. »Verschmähung der Welt«) ist ein kleines Museum mit Fotos, Schriften und Erinnerungsstücken des Poeten sowie das Auditorium untergebracht. An der Decke hängt das Flugzeug SVA, von dem aus d'Annunzio im Ersten Weltkrieg Flugblätter über Wien abwarf. Zwischen Wohnhaus und Schifamondo hindurch geht es in den Park, in dem Andenken an die Kriegseinsätze und -erlebnisse d'Annunzios verteilt sind, u. a. das Schnellboot MAS und der gewaltige Bug des

Das mit Kunst, Kitsch und Kuriositäten vollgestellte Wohnhaus d'Annunzios, die sogenannte Priora (ganz oben und oben links), ist nur mit Führung zu besichtigen. Rechts: Im Garten des Dichters gestrandet ist dieses Vorschiff eines Marinekreuzers.

Schlachtschiffs Puglia. Weiter oben trifft man auf das strahlend weiße Mausoleum mit dem Marmorsarg des eitlen »Kriegshelden«.

KLEINE PAUSE

Wenn Sie sich in der **Villa Florida** an der Bar einen Kaffee oder Tee bestellen, bekommen Sie dazu gratis vom alten Plattenspieler auf der Theke einen Song vorgespielt (Corso Giuseppe Zanardelli 113, hotelvillaflorida.de).

---

186 B3

Heller Garden
336 410877
www.hellergarden.com
März–Nov. tgl. 9–19 Uhr
11 €

Il Vittoriale degli Italiani
0365 296511
www.vittoriale.it April–Okt. tgl. 9–19, Nov.–März 9–16 Uhr ab 8 €, je nach Umfang der Besichtigung

Nach Lust und Laune!

12 Lago di Ledro

Von Rivas Ortsmitte gelangt man über eine gut ausgeschilderte Umgehungsstraße in den Tunnel zum Lago di Ledro. Am Ostende des Sees hat man Pfahlbauten aus der Bronzezeit rekonstruiert, das angeschlossene Museo delle Palafitte veranschaulicht die Lebensweise dieser frühen Bewohner der Gardaseeregion. Hinter Molina führt die Hauptstraße dicht am Nordufer des Sees entlang mit der Möglichkeit, weiter zum Lago d'Idro und Lago di Valvestino zu fahren. Über Gargnano am Gardasee-Westufer kann man dann wieder zurück nach Riva fahren. Eine schöne Tagestour.

186 C/D5
Museo delle Palafitte
☎ 0464 508182 🌐 www.palafitteledro.it 🕐 März–Juni u. Sept.–Nov. tgl. 9–17, Juli–Aug. tgl. 10–18 Uhr 🎫 3,50 €

13 Limone sul Garda

Limone hatte einst die ausgedehntesten Zitronenhaine der Gardaseeregion. Ihren guten Ruf verdankt die Touristenhochburg am Gardasee aber nicht den Früchten, sondern der schönen Altstadt und der einzigartigen Lage. Auch der Name leitet sich vermutlich nicht von den Zitronen (*limone*) ab, sondern eher von dem lateinischen Wort *limes* (Grenze). Denn Limone war früher eine Grenzstadt zwischen Italien und Österreich. Gleichwohl wurden

Idyllisch: im alten Hafen von Limone sul Garda.

Tignale: Madonna di Montecastello.

früher Zedratzitronen – eine saftarme Zitronenart, die zur Herstellung des *Acqua di cedro* (Zitronenschnaps) benötigt wird – und andere Zitrusfrüchte auf den Terrassen oberhalb des Sees angebaut. Im Winter umschlossen große Gewächshäuser *(Limonaie)* die Bäume, um sie vor Frosteinbrüchen zu schützen. Bald nach der Einigung Italiens verdrängte Sizilien Limone als Hauptproduzenten von Zitronen.

Der Bau der Gardesana Occidentale sicherte Limones Aufstieg zum Fremdenverkehrsort – bis 1931 konnte man den Ort nur per Boot erreichen. Die breite Uferpromenade Lungolago Marconi, an der sich zahlreiche Souvenirgeschäfte, Cafés und Lokale niedergelassen haben, führt zur zentralen Piazza Garibaldi. Wenige Meter weiter öffnet sich der alte Hafen: ein kleines, von blumenüberrankten Häusern umstandenes Becken. In die Schlagzeilen kam Limone, als Wissenschaftler bei den Bewohnern ein mutiertes Molekül eines Apolipoproteins im Blut entdeckten. Dieses senkt das Erkrankungsrisiko von Arteriosklerose und anderer Herz-Kreislauferkrankungen. Die Folge: Limone verzeichnet die höchste Konzentration von über 80-Jährigen in Italien.

187 D4

14 Tremosine & Tignale

Zwischen Limone und dem weiter südlich gelegenen Gargnano liegen die Hochplateaus von Tremosine und Tignale. Mit ihren Wiesen, bewaldeten Hängen, Felswänden, Hügeln und kleinen Dörfern zählt diese Region zu den schönsten am Gardasee. Genießen Sie die Almlandschaft im Rahmen einer gemütlichen, aber kurvenreichen Spazierfahrt oder einer Wanderung. Auf der Schauderterrasse des Hotel Paradiso in Pieve kann man ein Mittagessen oder einen Kaffee nehmen und 400 m senkrecht in die Tiefe blicken. Wenn Sie nur wenig Zeit haben, fahren Sie an einem klaren Tag die Straße, die nördlich von Gargnano von der Gardesana Occidentale abzweigt, nach Tignale hinauf. An dieser Straße liegen mehrere Aussichtspunkte mit Blick über den See und auf den Monte Baldo. Einige Kilometer weiter führt eine steile Straße zur Kirche Madonna di Montecastello, die auf den Ruinen eines Skaliger-Kastells errichtet wurde und für ihre Aussicht und ihre Kunstwerke berühmt ist. Dazu zählen vier Kupfermedaillons, die Palma il Giovane zugeschrieben werden, und ein Fresko »Madonna mit Jesus-Kind« aus der Giotto-Schule.

186 C4 (Tignale)
186 D4 (Tremosine)
Madonna di Monte Castello
186 C4 (bei Tignale) ☎ 036 573020
Ostern–Okt. tgl. 9–18 Uhr · frei

15 Gargnano

Nördlich oberhalb des Ortskerns steht an der Gardesana die Pfarrkirche San Martino, die 1837 im Stil des italienischen Klassizismus erbaut wurde. Geht man durch eine der Gassen hinunter zum See, kommt man zum hübschen kleinen Hafen des Ortes. Während des Risorgimento

Klein, aber fein: der Hafen von Gargnano.

(1866) hatten sich französische und italienische Schiffe hierher zurückgezogen und wurden von sechs österreichischen Kanonenschiffen beschossen. Noch heute bezeugen einige Gebäude, in deren Wänden nach wie vor Kanonenkugeln stecken, dieses Ereignis; etwa das Rathaus aus dem 16. Jh.

Von der »Staatskanzlei« im Palazzo Feltrinelli am nördlichen Ende der Uferpromenade regierte Benito Mussolini die »Republik von Salò«. Der Palast im Stil der Neorenaissance gehört heute der Universität Mailand. Wenige Meter entfernt liegt der Park La Fontanella, wo es Kiesstrände und betonierte Uferzonen zum Sonnen und Baden gibt. Dahinter erblickt man die sich heute als Luxushotel präsentierende einstige Sommerresidenz der Papiermagnaten Feltrinelli, die Villa Feltrinelli. In der Via Roma südlich des Hafens steht die einschiffige Kirche San Francesco. Schon ab 1289 hatte hier der Franziskanerorden ein Gotteshaus und ein Kloster errichtet, von denen nur die Kirchenfassade und der Kreuzgang erhalten geblieben sind. Die Kirche erhielt ihr heutiges Aussehen im 17. Jh. Der romanisch und spätgotisch geprägte Kreuzgang ist ein besonders sehenswertes Kleinod.

186 C3
Kirche San Francesco und Kreuzgang
☎ 036 571017 tgl. 8–20 Uhr; mittags häufig geschlossen · frei

Mit den Fischern auf See

Es geht nur nach Voranmeldung, aber wenn es klappt, erlebt man etwas, das man nie vergisst: Ab 3.45 Uhr fährt die Fischerfamilie Dominici von San Giacomo bei Gargnano aus auf den um diese Zeit noch nachtschwarzen See hinaus. Marco, sein Bruder Luca und ihr Vater Umberto sprechen nur italienisch und nehmen nicht mehr als zwei Personen mit an Bord.
Auskünfte im Sekretariat des Bürgermeisters von Gargnano, Tel. 036 579 12 43, info@comune.gargnano.bs.it, oder direkt: Umberto Dominici & figli, Tel. 0365 720 49.

»Schloss Schönbrunn am Gardasee«: der Palazzo Bettoni in Bogliaco.

16 Villa & Bogliaco

Zu Gargnano gehören zwölf winzige Orte, darunter die sich südlich am Ufer anschließenden Villa und Bogliaco (die übrigen Dörfer klammern sich oberhalb Gargnanos an den Hang). An der Hauptgasse von Villa liegt das Haus, in dem der englische Schriftsteller D. H. Lawrence (1885–1930) ein Jahr lang lebte und arbeitete. Oberhalb des Orts bietet sich bei der Kirche San Tommaso ein schöner Blick über den See.

Das auffälligste Gebäude von Bogliaco ist der öffentlich nicht zugängliche Palazzo Bettoni. Der prächtige, dreiflügelige Palast, dessen beeindruckende Front auf den See ausgerichtet ist, wird durch die Durchgangsstraße von seinem Park getrennt. Errichtet wurde er um das Jahr 1750 nach dem Vorbild des Wiener Schlosses Schönbrunn für den Conte Giovanni Bettoni, einen Reitergeneral im Dienste Maria Theresias. Zu Bogliaco gehört auch ein im Jahr 1912 gegründeter Golfplatz (www.golfbogliaco.com). Nur etwas weiter südlich liegt der moderne Jachthafen Marina di Bogliaco. Von dort startet die Centomiglia, die mit jährlich um die 250 Teilnehmern größte Segelregatta am See.

↛ 186 C3

17 Lago di Valvestino

Von Gargnano führt eine Serpentinenstraße hinauf ins Val Toscolano, in dem der von Bergen eingerahmte Stausee Lago di Valvestino liegt. Ab dem äußersten Ende des Sees, an dem es keine Bademöglichkeiten gibt, verläuft das Tal in Richtung Norden steil hinauf zum Dorf Magasa – ein idealer Ausgangspunkt für schöne Wanderungen in dramatischer Landschaftsszenerie.

↛ 186 C4

18 Lago d'Idro

Fährt man vom Lago di Valvestino gen Westen oder von Salò durch das hübsche Val Sabbia, erreicht man Idro am gleichnamigen See. Werfen Sie einen Blick in die Kirche San Michele und bewundern Sie die Schnitzereien am Hauptaltar, dem Orgelgehäuse und dem Chorgestühl. Von Idro führt eine Straße am Ostufer des Sees bis Vesta und endet dort. Am Westufer des Sees bahnt sich die Straße ihren Weg durch die Hügel bis nach Anfo. Das dortige Schloss (in Privatbesitz) war 1866 das Hauptquartier von Giuseppe Garibaldi während seiner Kampagne für die Vereinigung des Veneto mit dem Königreich Italien. Die Kirche San Antonio hat einen Turm aus dem 12. Jh. und Renaissancefresken.

186 B4

19 Toscolano-Maderno

Aus dem Zusammenschluss zweier durch die Mündung des Flusses Toscolano getrennter Orte – Maderno im Süden und Toscolano im Norden – entstand das Städtchen Toscolano-Maderno. Mit seiner halbrunden Bucht, der langen Seepromenade, den schönen Villen, dem Altstadtkern und dem Hafen bietet Maderno eindeutig mehr als Toscolano, das vor allem für Camper attraktiv ist. Zwischen Maderno und Torri del Benaco am gegenüberliegenden Ostufer des Sees besteht eine regelmäßige Autofährverbindung. Hauptttraktion der Doppelgemeinde sind die ehemaligen Papiermühlen, das Papiermuseum und der Orto Botanico Ghirardi, in dessen Gewächshäusern auch tropische Pflanzen gedeihen. Sehenswert ist zudem an der Piazza San Marco nahe dem Hafen die um 1140 erbaute romanische Kirche Sant' Andrea Apostolo mit einem spätgotischen Campanile (1469). Links neben der Kirche beginnt die durch die Altstadt zum Toscolano-Bach führende Via Benamati. Auf dem Weg liegen die Reste einer römischen Villa (Nr. 79) mit einer Freitreppe. Nur wenige Schritte entfernt steht die Pfarrkirche Sant' Ercolano, die Mitte des 18. Jhs. an der Stelle einer Burg gebaut wurde, deren Turm man zum Glockenturm umgestaltete.

186 C3

Papiermuseum

Via Valle delle Cartiere · www.valledellecartiere.it · April–Sept. tgl. 10–18, Okt. Sa–So 10–17 Uhr · 7 €

Orto Botanico Ghirardi

Via Religione · 0365 641246

Mai bis Sept. Mi, Fr 16.30–18.30, Sa 10.30–12.30 Uhr · frei

20 Isola del Garda

Dicht vor der Spitze der Landzunge San Fermo ragt die 1 km lange Isola del Garda, die größte Gardasee-Insel, aus dem Wasser. Heute ist sie in Privatbesitz der Grafen Borghese-Cavazza, die in einer traumhaften Villa inmitten eines Parks residie-

Inseljuwel im Gardasee: die Villa der Grafen Borghese-Cavazza auf der Isola del Garda.

ren. Die Insel kann im Rahmen von knapp zweistündigen Führungen besichtigt werden.

> 186 C3
> Fähren fahren April –Okt. von zehn Häfen zur Insel. Abfahrtszeiten finden Sie unter www.isoladelgarda.com 27–32 € für Überfahrt, Führung und Erfrischung

21 Desenzano del Garda

Das alte Hafenbecken der größten Stadt am Gardasee ist vom Hafenbereich durch eine niedrige Brücke abgetrennt. Der venezianische Palazzo Todeschini am Kopfende des Hafens diente früher als Getreidelager, heute als Touristeninformation. An der Uferpromenade Lungolago Cesare Battisti steht ein Sarkophag, der die sterblichen Überreste einer Römerin namens Atilia Urbica barg. An der Piazza Malvezzi unmittelbar hinter dem Hafen sitzt man gemütlich unter Arkaden, ein Denkmal erinnert an die Schutzpatronin der Stadt, Santa Angela Merici, die 1535 den Ursulinen-Orden gründete. Die Nordseite der Piazza nimmt der Duomo Santa Maria Maddalena ein, den der Architekt Giulio Todeschini (1524–1603) im Stil der Spätrenaissance entwarf. Mitten in einem Wohnviertel (Via Crocefisso 22) entdeckte man die Reste von drei römischen Gebäuden. Das freigelegte Areal ist vor allem wegen seiner Mosaikböden berühmt. Ein Museum vor Ort zeigt die Ausgrabungsfunde.

> 186 B2
> **Villa Romana**
> Via Crocefisso 22 0309 14 35 47 Ostern–Sept. Di–So 8.30 bis 19.30, Okt.–Ostern Di–Sa 8.30 bis 19.30, So 8.30–14 Uhr 4 €
> **Museo Archeologico Rambotti**
> Santa Maria de Senioribus, Via Anelli 42 0309 14 45 29
> www.museiarcheologici.net
> Mi 9–13, Do bis Fr 15–19, Sa–So 14.30–19 Uhr 4 €

Alte Tradition: Am Strand von Desenzano erinnern Ruderer an die Zeit der Serenissima.

Wohin zum ... Übernachten?

Preise für ein Doppelzimmer pro Nacht:
€ unter 80 Euro
€€ 80–150 Euro
€€€ über 150 Euro

GARDONE RIVIERA

Grand Hotel Fasano €€€
12 000 m² Park mit Bananenstauden, Magnolienbäumen und Zypressen direkt am See, der Pool und die Liegestühle unter Palmen. Alle modernen 75 Zimmer haben Parkettböden, sehr gutes Spa, 4 Restaurants, bewachter Parkplatz und viele Möglichkeiten, z. B. Motorboot-, Alfa-Oldtimer-, Mountainbike-Verleih.
186 B3 Via Zanardelli 190
036 529 02 20 www.ghf.it
Mitte Okt.–März geschl.

Villa Florida €€€
Die rosafarbene Villa und der 27-m-Pool liegen auf Terrassen mit jeweils klasse See- und Isola-del-Garda-Blick. Es gibt ausschließlich Suiten oder Apartments, alle 25 mit Balkon und Seeblick. Das Frühstück wird auf der Panoramaterrasse Belvedere dell'Angelo geradezu zelebriert.
180 B3 Via Zanardelli 113 036 52 18 36 www.hotelvillaflorida.com Mitte Okt.–März geschl.

GARGNANO

Lefay Resort & Spa €€€

Das schönste Resort »über dem See« mit spektakulärem Blick, im Limonaia-Stil, oberhalb von Gargnano. Ausschließlich Suiten, zwei Restaurants (auch für kalorienreduzierte Küche), zwei Außenpools, bestes Spa am See und die einzige Suite am Lago mit Privatpool.
186 C3 Via Feltrinelli 136
0365 24 18 00 www.lefayresorts.com

LIMONE SUL GARDA

Lido €€
Behaglich, direkt am See. Nur mit Halbpension buchbar.
187 C4 Via IV Novembre 36
0365 95 45 74 www.lidohotel.com
Nov.–15. April geschl.

SALÒ

Duomo €€
Gute Lage, 24 einfache Zimmer mit Dom- oder Seeblick, Restaurant.
186 B3 Lungolago Zanardelli 63
036 52 10 26; www.hotelduomosalo.it

SIRMIONE

Flaminia €€€
Gepflegtes Altstadthotel direkt am See. Schöne Sonnenterrasse.
186 C2 Piazza Flaminia 8
030 91 60 78 www.hotelflaminia.it

Villa Cortine €€€
Kleines Grand-Hotel in einer Traumvilla mit ruhigem Park.
186 C2 Via Grotte 6
030 990 58 90 www.hotelvillacortine.de Okt.–März geschl.

TREMOSINE

Village Hotel Lucia €
Hotel und »Feriendorf« mit Pool und tollem Seeblick, am Ortsrand von Tremosine gelegen.
186 C4 Via del Sole 2
0365 95 30 88 www.hotellucia.it
Okt.–März geschl.

Wohin zum ...
Essen und Trinken?

Preise für ein Drei-Gänge-Menü (ohne Getränke und Service):
€ unter 30 Euro
€€ 30–50 Euro
€€€ über 50 Euro

DESENZANO DEL GARDA

Ristorante Pizzeria Kapperi €
Moderne große Pizzeria, in der es auch gute cucina gibt.
186 B2 Via N. Sauro 7 030 999 18 93 www.kapperi.eu Mo geschl.

GARDONE RIVIERA

Il Fagiano €€€
Der Koch ist am Gardasee geboren, und Matteo Felter nutzt, was ihm seine Heimat bietet: Fisch, Gemüse, Olivenöl. Und er kreiert kleine Kunstwerke, die durchaus Michelin-würdig sind. Da lohnt sich das Degustationsmenü zu 85 €!
186 B2 Via Zanardelli 190 (im Grand Hotel Fasano) 0365 29 02 20 www.ghf.it Nur abends ab 19 Uhr (Reservierung erforderlich), Nov.–März geschl.

Trattoria da Marietta €€
Das freundliche Lokal liegt nicht weit vom Vittoriale entfernt. Exzellente Gerichte, gute Weinkarte. Es gibt auch leckere Pizze.
186 B3 Via Montecucco 78 0377 708 16 22 www.trattoriamarietta.it Mo geschl.

Villa Fiordaliso €€€
Ein Besuch hier zählt zu den großen kulinarischen Erlebnissen am westlichen Seeufer: sündhaft teuer, sündhaft gut. In der schönen Villa werden auch einige Zimmer vermietet. Küche, Bedienung und Weinkarte sind erstklassig.
186 B3 Corso Zanardelli 150 0365 2 01 58 www.villafiordaliso.it Mo und Di Mittag sowie Mitte Nov.–März geschl.

GARGNANO

La Tortuga €€€
Michelin-Stern-Restaurant.
186 C3 Via XXIV. Maggio 5 036 57 12 51 www.ristorantelatortuga.it Di u. Nov.–Feb. geschl.

PIEVE DI TREMOSINE

Miralago €€
Durch seine Lage am Steilhang von Pieve di Tremosine ist es wohl das schönstgelegene Restaurant am Gardasee, der Blick ist an klaren Tagen sensationell! Auch die Gerichte sind exzellent – probieren Sie mal eines mit Esskastanien und Pilzen.
186 D4 Piazza Cozzaglio 2 0365 95 30 01 www.miralago.it Di und Dez. bis Jan. geschl.

SALÒ

La Campagnola €€€
Leckerer Fisch aus dem Gardasee: Forelle, Schleie, Hecht, Renke.
186 B3 Via Brunati 11 0365 221 53 Mo geschl.

Osteria di Mezzo €€
Kleines Restaurant in einer Parallelstraße zur Promenade mit einfacher Karte (hausgemachte Pizza) und freundlichem Service.
186 B3 Via di Mezzo 10 0365 29 09 66 www.osteriadimezzo.it Di geschl.

SIRMIONE

Vecchia Lugana €€€
Ein Ort für Feinschmecker, die sich direkt am See verwöhnen lassen wollen. Typische Gardaseegerichte hervorragend angerichtet und präsentiert. Im Weinvorort Lugana.
186 B3 Piazzale Vecchia Lugana 1 0309 190 12 Mo, Di geschl.

Trattoria La Fiasca €
Charmantes Restaurant in den Gemäuern der Burg. Einfach, aber gut.
186 C2 Via Santa Maria Maggiore 11 0309 90 61 11 www.trattorialafiasca.it

Wohin zum … Einkaufen?

Die meisten Orte am Westufer des Gardasees sind klein und haben mit Ausnahme von Salò und Desenzano keine großen Einkaufsmöglichkeiten. In den Zentren dominieren Cafés, Restaurants, Souvenirläden und einige Geschäfte für den Alltagsbedarf. Wochenmärkte gibt es in Desenzano (Di), Limone (Di, April–Okt.), Manerba (Fr), Salò (Sa), Sirmione (Fr), Toscolano-Maderno (Do). Am ersten So im Monat (außer im Aug.) wird in Desenzano auch ein Antiquitätenmarkt veranstaltet.

DESENZANO DEL GARDA

Cashmere Ironia (Via Porto Vecchio) verkauft Pullover und Schals aus eigener Herstellung, während im Intimamente (Piazza Matteotti Giacomo 5) Designerunterwäsche für Damen und Herren angeboten wird. Schmuck können Sie bei Gioielleria Franzoni (Via Roma 16) erstehen. Lederwaren – besonders Handtaschen und Gürtel – sollte man bei Martinetti (Via Generale Achille Papa 40) und bei La Bagagerie in der Via Porto Vecchio 22 in Betracht ziehen. In der Galleria Zacchi La Cornice an der Piazza Giuseppe Malvezzi 45 gibt es Kunstwerke in Holz, Metall und Keramik sowie Gemälde auf Holz.

Shoppingbummel in Salò.

GARDONE RIVIERA

Die Enoteca Bedussi (Corso Repubblica 40) bietet eine umfangreiche Auswahl von Weinen, Spirituosen und lokalen Likören, Antique Marino an der Piazza Marconi 6 eine schöne Auswahl an Antiquitäten.

LIMONE

Im Ort gibt es viele Souvenir- und Ramschgeschäfte. Zu den besseren zählt Raffi am Lungolago Marconi 48, wo es stylische Designermode zu kaufen gibt.

SALÒ

Handtaschen und Schmuck bietet Tranquilli (Via San Carlo 58), elegante Mode offeriert MR (Via S. Carlo 39), und Schuhe verkauft Principe (Lungolago Zanardelli 21). Eine tolle Auswahl an Silberwaren hat GB Argento (Via Fantoni 12) im Angebot. Bei Quartiere Chic (Via Fantoni 1) gibt es Küchengeschirr und Leinenwäsche für die Wohnung; Gold, Silber und Kristall erhält man bei Ottica Scotti an der Piazza G. Zanardelli 7. Die besten Antiquitäten kauft man bei Arte e Antiquariato da Marinella, Lungolago Zanardelli 29/30. Colorificio Nastuzzo (Via Fantoni 35) bietet Künstlermaterialien und Aquarellkurse.

SIRMIONE

An der Via Vittorio Emanuele, die die Burg mit den Terme di Catullo verbindet, sowie in einigen Seitenstraßen von Sirmione findet man Modegeschäfte.
Erwähnenswert ist die Art Gallery Donavil (Via Dante 15) für chinesische Antiquitäten, englisches Silber und Muranoglas. Sowohl L'Enoteca (Corte Salvelli 6) als auch die Enoteca Il Volto (Via Piana 16) haben eine große Weinauswahl. Bei Sogni Profumati (Piazza Castello 12) wird Sie die beeindruckende Sammlung von Seifen, Kerzen und Parfüm überraschen. Wenn Sie Edelsteine und Bernstein mögen, sollten Sie bei Più Gioielli (Via Vittorio Emanuele 54) vorbeischauen.

Wohin zum … Ausgehen (und Rausgehen)?

SPORT UND FREIZEIT

Wassersport

Empfehlenswerte **Segel- und Surfschulen** gibt es in Sirmione – zu den besten zählen Martini (Tel. 030 91 62 08) und Centro Surf Sirmione (Tel. 030 919 61 30) –, in Desenzano (Fraglia Vela, Tel. 0309 14 33 43) und Campione (Vela Club, Tel. 0365 91 69 75). Die im September in Gargnano ausgetragene **Regatta Centomiglia** (www.centomiglia.it) zählt zu den wichtigsten Segelevents in Europa. **Tauchen** kann man gut am Südufer des Sees; in Desenzano findet man mehrere Schulen wie Tritone Sub (Tel. 338 446 55 70). Einen Bootsverleih werden Sie in fast jedem Ort am See finden.

Erlebnissport

Rund um Tremosine-Tignale kann man gut **wandern**. Auf den Plateaus bieten sich auch Trendsportarten wie **Parasailing** und **Canyoning** an.

Golf

Am Westufer gibt es gleich mehrere Plätze. Zum **Club Palazzo Arzaga** bei Padenghe (www.arzaga-golf-garda.com) gehören ein 18- und ein 9-Loch-Platz. Auch im nahen Soiano del Lago gibt es einen 18-Loch- und einen 9-Loch-Platz im **Garda Golf Country Club** (www.gardagolf.it). Einen 18-Loch-Platz findet man zudem bei Toscolano-Maderno im **Bogliaco Golf Resort** (www.golfbogliaco.com).

Mountainbiking

Garantiert weiche Knie bekommen Mountainbiker bei einer Fahrt vom Hafen Campione di Tremosine aufs Plateau nach Pieve di Tremosine – Landschaft und Strecke begeistern. Die Tour ist 23 km lang, überwindet im wiederholten Auf und Ab insgesamt 750 Höhenmeter und kann in vier bis fünf Stunden gefahren werden (www.skyclimber.it).

Thermalbad

Entspannung bieten die **Terme di Sirmione** in der Via Punta Staffalo 1 (www.termedisirmione.com).

FESTIVALS

Estate Musicale del Garda Gasparo da Salò ist ein Klassikfestival mit Freiluftkonzerten auf der Piazza Duomo in Salò (Juli–Sept.). Ebenfalls zwischen Juli und Sept. werden in Gardone Riviera, Desenzano del Garda und Gargnano weitere Konzerte veranstaltet. Schön sind auch ein Klassikkonzert im Palazzo Fantoni in Salò (Mai und Juni) sowie das **Internationale Klassikfestival** im Aug. in Manerba. Im Sept. gibt's in Gargnano ein **Gitarrenfestival**, in Gardone Riviera zwischen Juni und Sept. ein **Jazzfestival**.

NACHTLEBEN

Während des Sommers gibt es ein **Freiluftkino** und **-theater** im Castello in Desenzano. Ein besonderes Kinoerlebnis bietet auch Gargnano: mit Vorstellungen in der Kirche **San Martino**! Rund um Desenzano finden sich auch die meisten Diskotheken und Musikbars. Zu den besten zählen der **Art Club** (www.artclubdisco.com) in der Via Mella 4, der Strandclub **Golden Beach** am Spiaggia d'Oro an der Via Zamboni (wwwgoldenbeachdesenzano.com) sowie das **Fura** (www.fura.it) in der Via Lavagnone 13. In Lonato gibt es noch das **Dehor** in der Via Fornace dei Gorghi 2 (www.dehor.net).

Sommer, Sonne, Spaß im Schatten der Burg: »Perle des Gardasees« wird Malcesine gern genannt.

Östlicher Gardasee

Die Olivenriviera hat mit dem mächtigen Monte Baldo ein Naturparadies im Rücken und lädt an ihrem Ufer zum Baden und Wohlfühlen ein.

Seite 66–95

Erste Orientierung

Auf den ersten Blick könnte man sagen, dass das Westufer des Gardasees eher den an Kunst und Kultur interessierten Reisenden anspricht, während das Ostufer mehr etwas für Sonnenliebhaber und Aktivurlauber ist. Tatsächlich haben aber die beiden Uferseiten noch einiges mehr, auch Unerwartetes, zu bieten.

An der Südostspitze des Gardasees findet man klassische Freizeiteinrichtungen wie Gardaland und die nahe gelegenen Wasserparks. Zugleich ist das Ostufer eine bekannte Weinbauregion: Der berühmte Bardolino wird aus Trauben gekeltert, die in Sichtweite des Sees wachsen. Weiter landeinwärts befinden sich die Weinlagen des Valpolicella. Auch auf historische Zeugnisse trifft man in diesem Teil des Gardaseegebietes: In Peschiera bauten die Österreicher riesige Befestigungsanlagen, die ihre Machtposition in diesem Teil des Landes stärken sollten. Die strategische Bedeutung des Sees zeigt sich auch in den Burgen. Weithin sichtbar sind die Skaligerkastelle mit ihren typischen Schwalbenschwanzzinnen. Lazise ist ein gutes Beispiel für ein solches Kastell, das eindrucksvollste aber steht in Malcesine: Sein Turm ist zu einem Wahrzeichen des Sees geworden. Zwischen den beiden Orten liegt Garda – die Stadt, die dem See seinen heutigen Namen gab. An der Spitze des Sees ist Riva del Garda schon seit Langem ein bedeutender Fremdenverkehrsort. Die Burg der Stadt erinnert an die nicht immer friedliche Vergangenheit des Ortes. Und der Osten hat auch seine Naturschönheiten: Der Monte Baldo oberhalb von Malcesine ist ein beliebtes Wandergebiet. Nicht übersehen sollte man die vielen kleinen Sehenswürdigkeiten links und rechts am Wegesrand: die berühmte Flora der Region. Da der Monte Baldo während der Eiszeiten unvergletschert blieb, überlebten hier viele Reliktpflanzen die lange Kälteperiode, darunter zahlreiche Endemiten.

TOP 10

❷ ★★ Malcesine & Monte Baldo

❸ ★★ Garda

❺ ★★ Riva del Garda

29 Torri del Benaco

30 Nago-Torbole

31 Arco

Nach Lust und Laune!

22 San Martino della Battaglia & Solferino

23 Parco Giardino Sigurtà

24 Peschiera del Garda

25 Gardaland

26 Lazise

27 Bardolino

28 Punta di San Vigilio

Mein Tag auf der knallroten Vespa

Motorroller gibt es fast in jedem größeren Ort am Gardasee zu mieten, auch in Torbole, dem Ausgangspunkt für die nächsten 44 Kilometer am Ostufer entlang bis Garda. Das Praktische: Die Vermieter geben ihre Vespa bis 125 ccm an alle ab, die einen Autoführerschein haben. Also kann der Spaß gleich beginnen!

10 Uhr: Fahrvergnügen und Dolce vita

Pünktlich zur Öffnung von Torbole Vespa Rent (Via Matteotti 54, Nago-Torbole, Tel. 0464 505447, www.torbolevesparent.it/it/rent, Tagesmiete 57 Euro) übernehmen wir unsere Vespa. Die Rote passt! Papierkram, Einweisung (die Maschinen sind ganz einfach zu bedienen: Gas geben, bremsen, lenken), und schon geht's am schmucken Zollhäuschen von 30 Nago-Torbole vorbei auf der Gardesana direttisimo in südöstlicher Richtung: Fahrvergnügen und dolce vita pur auf der Staatsstraße SS 249, wo Olivenbäume und Zypressen das Bild bestimmen.

10.30 Uhr: Auch ich in Arkadien!

Schon sind wir in Malcesine! War die Fahrt toll! Immer am Wasser entlang, rechts der See, links der Monte Baldo. Eigentlich haben wir Lust, immer weiter zu fahren, doch das Castello von 2 ★★ Malcesine, die Skaligerburg, wegen der Goethe fast verhaftet worden wäre, weil man ihn für einen Spion hielt, müs-

10 Uhr: Fahrvergnügen und Dolce vita

10.30 Uhr: Auch ich in Arkadien!

13.45 Uhr: Halt in Torri del Benaco für ein Selfie

12.15 Uhr: Im Tal der Träume

12.45 Uhr: Bade-spaß im See

17.30 Uhr: Zurück nach Norden

16.15 Uhr: Zum Balcone del Garda

15.30 Uhr: Am schönsten Platz der Welt

Oben: Blick auf Nago-Torbole, den Ausgangspunkt unserer Tour.
Rechts: Kurzer Halt zwischen Brenzone und Torri del Benaco.

sen wir uns einfach ansehen. Auch der Ort selbst lohnt einen kleinen Bummel in den verwinkelten Gassen. Die vielen Boutiquen, Cafés und Restaurants sind alle gut gefüllt, aber gäbe es sie nicht, könnte man meinen, der Ort habe sich seit Goethes Tagen kaum verändert.

12.15 Uhr: Im Tal der Träume

Rechts rauschen wir an der Isola dell'Olivo vorbei, dann folgt das Tal der Träume, Val di Sogno, mit der Isola di Sogno und schönen Segelbooten. Ein echter Weltmeister gründete hier einst die erste Surfschule am Lago – bis heute gibt es hier Kurse fürs Brett oder Boot. In Cassone stoppen wir wegen einem Fluss – naja, einem Flüsschen. Das besondere am Aril ist, dass er sofort nach der Quelle mehrere Meter breit wird, unter einigen Häusern, drei Brücken, einem kleinen See und einem Wasserfall durchfließt – und das alles auf nur 175 Metern! Damit ist er der kürzeste Fluss Italiens.

12.45 Uhr: Badespaß im See

Immer mehr Strände liegen auf dem Weg. In Brenzone mit der vorgelagerten Isola Trimelone stellen wir jetzt die Vespa ab und widmen uns dem Badespaß im See.

13.45 Uhr: Selfie mit Burg

In 29 Torri del Benaco lockt uns ein weiteres Castello vom Roller. Vom Parkplatz aus können wir ein wunderbares Selfie mit unserer Vespa und dem Castello

Unterwegs bleibt auch noch Zeit für ein bisschen Badespaß im (oder ein Sonnenbad am) See.

Scaligero von 1383 machen. Auf einem der Restaurantpontons im See essen wir zu Mittag.

15.30 Uhr: Am schönsten Platz der Welt

Von der 28 Punta di San Vigilio sagte der Humanist Agostino di Brenzone im 16. Jh., es sei der schönste Platz der Welt. Und an einem herrlichen Tag wie heute kann man das gut nachvollziehen.

16.15 Uhr: Zum Balcone del Garda

3 ★★ Garda ist erreicht. Ein kurzer Bummel am sehr schönen Lungolago, ein Eis dabei schlecken und dann ans Zurückfahren denken. Aber den Balcone del Garda nehmen wir noch mit: Es geht den Berg hinauf Richtung San Zeno. Dann die Straße nach Torri del Benaco nehmen und in Albisano bei der Dorfkirche San Martino den Blick auf den Untersee genießen. Dieser Platz wird landläufig »Balcone del Garda« genannt – nicht zu Unrecht.

17.30 Uhr: Zurück nach Norden

Ab Torri geht es schnurstracks auf der Gardesana zurück nach Torbole. Der Vespa-Vermieter macht erst um 20 Uhr zu; es ist also noch genügend Zeit für die Heimfahrt.

19.30 Uhr: Tratsch in der Bar

Nach einer Pizza in Torbole beenden wir den Vespa-Tag mit Hugo, Musik und Tratsch in der Wind's Bar (Via Matteotti 11).

❷ ★★ Malcesine & Monte Baldo

Warum?	Wer will schon das Wahrzeichen des Sees versäumen?
Wann?	Immer – aber in der Hauptsaison im Sommer ist es hier wie in den meisten größeren Orten am See sehr voll
Was tun?	Vielleicht die Burg skizzieren, wie das Goethe einst tat? Als Spion(in) verhaftet werden Sie dafür heute sicher nicht mehr
Wie lange?	Mindestens einen ganzen Tag: Vormittags mit der Gondel auf den Monte Baldo, nachmittags in Malcesine flanieren
Was noch?	Velleicht einen Magischen Moment erleben? (Siehe S. 78)

Dicht drängen sich in Rot und Ocker die mittelalterlichen Häuser und Palazzi von Malcesine um das Kastell und den Hafen. Beim Bummeln durch die verschlungenen Gassen entdeckt man reizvolle Winkel und schattige Plätze mit Cafés, zahlreiche Geschäfte und Souvenirläden laden zum Stöbern ein. Überragt wird die Stadt vom Monte Baldo: Das majestätische Massiv zieht sich knapp 40 km die Ostküste entlang bis Torri del Benaco im Süden.

Rechte Seite: Malcesines Skaligerburg krönt einen steil zum See hin abfallenden Felsen.

Südlich von Torbole durchquert die Gardesana Orientale die Riviera degli Olivi, die Olivenriviera. Zunächst führt die Uferstraße durch einige Tunnel, ehe die silbrigen Blätter dieser Bäume an den Hängen schimmern, als spiegelten sie die Lichter auf den Wellen des Sees. Dann erreicht man bereits Malcesine, den Höhepunkt am Ostufer des Sees, mit der vorgelagerten Isola dell' Olivo, zu der man schwimmen oder rudern kann.

Malcesine

Dominiert wird die Stadt von der Skaligerburg aus dem 13./14. Jh. Am eindrücklichsten präsentiert sich diese von der Seeseite, von dort erschließt sich auch erst so richtig die ausgeklügelte Konstruktion der Anlage: Eine Reihe befestigter Mauern umfasst drei Innenhöfe, die sich über eine zerklüftete Landzunge erstrecken. Der ganze Komplex ist heute als Museum zugänglich. Hinter dem Haupteingang links liegt die 1620 erbaute Casermetta (kleine Kaserne), in der zwei

kleine Naturkundemuseen untergebracht sind, die sich mit Flora, Geologie und Vogelwelt des Monte Baldo beschäftigen (Museo del Baldo) sowie mit der Pflanzen- und Tierwelt des Gardasees (Museo del Garda). Vom Aussichtsbalkon am anderen Ende des Hofs blickt man über den See auf die Berge am Westufer. Eine Treppe führt zur ehemaligen Pulverkammer, in der der Goethe-Saal untergebracht ist. Hier kann man eine Kopie der Zeichnung betrachten, die Goethe auf seiner »Italienischen Reise« von der Burg anfertigte – und die ihn fast ins Gefängnis brachte. Die damals herrschenden Venezianer hielten ihn für einen österreichischen Spion, der militärische Anlagen auskundschaften wollte. Ein weiterer Aufgang führt durch ein Portal zu einem dritten Hof mit einer Zisterne und einem Fresko, einer im spätbyzantinischen Stil gemalten Mutter Gottes. Im Erdgeschoss der Residenz zeigt das Fischereimuseum (Museo della Pesca) neben Exponaten zum Fischfang auch Bilder vom Transport der venezianischen Kriegsschiffe über die Berge zum Gardasee im Jahr 1435 sowie von den Bergungsversuchen der vor Lazise gesunkenen Galeere. In das Obergeschoss und zum Turm gelangt man nur über die Außentreppe. Am Mauerwerk des fünfeckigen Turms erkennt man, bis wohin der ältere, wahrscheinlich von den Langobarden erbaute Turm reichte – ein heute vergittertes Fenster zeigt, wohin die Zugbrücke früher führte. Von der Plattform des Turms genießt man einen herrlichen Ausblick über die Stadt und den See.

»Den 3. September [1786] früh drei Uhr stahl ich mich aus dem Karlsbad weg«: Eindreiviertel Jahre war Goethe insgesamt in Italien unterwegs. Diese Zeit bezeichnete er später wiederholt als die glücklichste seines Lebens.

Der Corso Garibaldi führt ins Herz der mittelalterlichen Altstadt. Linker Hand liegt die Piazza Statuto, an deren Ostseite das Rathaus steht. Von der Piazza Statuto abwärts kommt man direkt zum See und zum Hafen. Nördlich der Piazza geht es in kleine Gassen, die sich zu hübschen Plätzen mit Cafés, Bars und Läden öffnen. Durch die verwinkelten Sträßchen findet man den ausgeschilderten Weg zum etwas höher gelegenen Kastell. Zwischen Hafen und Kastell gibt es keine Uferpromenade, sondern nur Stichstraßen zum See. Dafür haben Cafés und Restaurants Terrassen direkt am Wasser.

Der zinnenbekrönte gotische Palazzo dei Capitani erinnert an die venezianische Herrschaft (1405–1797): Hier residierte meist der Gouverneur des Ostufers. Ein Eingangstor führt ins Vestibül, durch das man geradeaus in einen hüb-

Der Burgfelsen, zu dessen Füßen sich das alte Malcesine gruppiert, scheint förmlich aus den engen Gassen emporzusteigen. Für Goethe war Malcesine »der erste venezianische Ort an der Morgenseite des Sees«.

schen, kleinen Garten am See gelangt. Die Decke im Vestibül trägt ein riesiges Fresko, das die Burg zeigt. Im linken Flügel des Gebäudes ist eine Touristeninformation untergebracht. Im Obergeschoss befindet sich der Sitzungssaal (Sala delle Sedute) mit einem breiten Renaissancefries und der etwas kleinere Audienzsaal, der ebenfalls Fresken aufweist und für Veranstaltungen genutzt wird.

Eine lange Promenade führt vom Hafen am Strand vorbei nach Süden zu einer grünen Landzunge (45 Min.), dem Val di Sogno (Tal des Traums). Vor dem Lido Sopri ragt die kleine Isola dell'Olivo aus dem Wasser; an der Bucht von Val di Sogno sieht man zudem die Isola del Sogno, die nur 5 m vom Land entfernt und in Privatbesitz ist.

Frei wie ein Vogel

Fliegen, wie schwere- und auch völlig mühelos: Das muss kein Traum bleiben und geht auch ohne Vorkenntnisse. Nur Höhenangst darf man keine haben. Dem Piloten des Paragliders sollte man vertrauen und nicht mehr als 110 kg Körpergewicht auf die Waage bringen.Dann kann es auch schon losgehen, vom Monte Baldo auf 1800 m Höhe …

Der Huckepack-Flug dauert je nach Thermik um die 30 (magische) Minuten (www.tandem paragliding.eu).

Monte Baldo

Von Malcesine fährt eine Seilbahn zur Spitze des Monte Baldo. Oben angekommen, kann man einfach die Aussicht genießen oder einen Spaziergang auf dem Bergrücken unternehmen. Zwei Naturschutzgebiete wurden eingerichtet: Die obere Grenze der Riserva Naturale Integrale Lostoni Selva Pezzi verläuft über den Kamm des Monte-Baldo-Bergrückens, die untere Grenze verläuft oberhalb der Uferstraße. Das zweite Schutzgebiet, die Riserva Naturale Integrale Gardesana Orientale, liegt am Fuß der Berge zwischen Malcesine und Torbole. Der Vegetationswechsel lässt sich während der Seilbahnfahrt gut beobachten. Nahe am See wachsen Olivenhaine sowie Steineichen und Pinien. Weiter oben findet man alpine Arten wie Enzian und Alpenveilchen. Oben auf dem Bergrücken wachsen schließlich Spezies, die man eher in der arktischen Tundra als im sonnenverwöhnten Südeuropa erwarten würde – Steinbrech und Silberwurz zum Beispiel.

KLEINE PAUSE

In Malcesine ist die Bar **San Marco**, im gleichnamigen Hotel am neuen Hafen, wo sich auch Goethe schon von der Schönheit des Gardasees bezaubern ließ, eine gute Wahl.

Frühling am Monte Baldo: Weit reicht hier oben der Blick über den Gardasee.

187 D4

Museo Castello Scaligero
☎ 0456 57 03 33
April–Okt. tgl. 9.30–19, Nov.–März Sa/So 11–16 Uhr
6 €

Seilbahn auf den Monte Baldo
April–Okt. tgl. 8–18, Dez.–März 8–16 Uhr. Die Bahnen fahren alle 30 Min., Fahrtdauer 10 Min.
15 € (mit Rückfahrt 20 €)

③ ★★ Garda

Warum?	Der heutige Namensgeber des Sees ist auf jeden Fall einen Besuch wert
Wann?	Nachmittags – und dann warten, bis die Sonne an der anderen Uferseite über den Hügeln versinkt
Was?	Nach dem Stadtbummel einen Hugo, Aperol oder Prosecco trinken, in die untergehende Sonne blinzeln und – genießen
Wie lang?	Ein halber Tag reicht, um das Wichtigste zu sehen
Was noch?	Schon das Krokodil entdeckt?

Ein Krokodil? Am Gardasee? Ja, es gibt eines, sogar ein sehr großes: Der Ausläufer des Monte Luppia streckt sich als Halbinsel in den See vor Garda und sieht vom Süden wie der Kopf eines Riesenkrokos aus. Der Monte Luppia ist aber auch für das ausgesprochen milde Klima in Garda verantwortlich, da er die Nordwinde abhält. Und im Süden sorgt der Tafelberg, auf dem die Ruinen der mittelalterlichen Burg thronen, für Windschutz.

Im Hafen von Garda: Jetzt brauchen wir nur noch ein gemütliches Plätzchen für ein Kaltgetränk.

Die Nymphe mit dem blauen Haar

Es heißt, der Ort und auch der See hätten ihren Namen der blauhaarigen Nymphe Engardina zu verdanken, die hier ei-

nem jungen Wassergott so den Kopf verdrehte, dass dieser für sie einen großen See schuf und sich mit ihr unverzüglich in diesen hineinwarf, woraufhin das Wasser die herrlich blaue Farbe ihres Haares annahm. Doch so schön diese Legende auch klingt – tatsächlich leitet sich der Name »Garda« wohl eher vom germanischen »warden« ab, das im Althochdeutschen zu »garden« (Burg) wurde.

Windgeschützt zwischen den nördlichen Hängen des Monte Luppia und dem südlichen Tafelberg profitiert man in Garda vom angenehm milden Klima.

Dass Garda schon sehr früh besiedelt war, bezeugen Reste von Pfahlbauten am Fuß des Rocca-Hügels und die Ruinen eines keltischen Heiligtums auf dem Berg. Im späten 5. Jh. errichtete Theoderich, der König der Goten, dort eine Burg. Eine zentrale Rolle in der Geschichte des Ortes und ganz Italiens spielte im 10. Jh. aber eine Frau: Zu jener Zeit hauste der Langobarde Berengar II. auf der Burg, der nach der italienischen Königswürde strebte. Diesem Ansinnen stand König Lothar von der Provence im Weg, den Berengar – was nicht bewiesen, aber höchst wahrscheinlich ist – ermorden ließ, um dessen Witwe Adelheid im Jahr 951 auf seine Burg zu entführen. Berengar dachte taktisch: Sie sollte seinen Sohn ehelichen, um diesem den Anspruch auf die italienische Krone zu ermöglichen. Doch Adelheid weigerte sich, worauf Berengar sie in den Kerker werfen ließ. Adelheid konnte fliehen und wurde kurz darauf die Gemahlin König Ottos des Großen, der Berengar besiegte und ihn lebenslänglich in Bamberg einkerkerte. Gegen Ende des 13. Jhs. regierte in Garda die Familie der Scala, ab Anfang des 15. Jhs. Venedig, unter dessen Herrschaft der Ort aufblühte, die Burg aber verfiel.

Stadt und Rocca

Die reizvollen Palazzi in der Altstadt entstanden im 15. / 16. Jh. unter den Venezianern. An zentraler Stelle am Hafen steht der gotisch-venezianische Palazzo del Capitano. Früher schwappte das Wasser des Sees noch unmittelbar an das blassgelbe Gebäude mit seinen sechs Spitzbogenfenstern, später schüttete man das Hafenbecken zu, sodass sich die Piazza Catullo mit

Am Lungolago von Garda: Das Leben kann ja so schön sein ...

Cafés und Trattorien ausdehnen konnte. Ebenfalls am Hafen erbaute der Veroneser Baumeister Michele Sanmicheli den Palazzo Carlotti (auch Palazzo Losa genannt). Über den Arkaden im Untergeschoss des Renaissancebauwerks erhebt sich eine Loggia mit fünf Bögen.

Parallel zur Uferpromenade verläuft die Hauptgasse Corso V. Emanuele, die weiter südlich in die Via S. Stefano sowie schließlich in den Corso XX Settembre übergeht und von zwei Stadttoren begrenzt wird. Nahe dem Nordtor wurde im Jahr 1510 der Palazzo Fregoso erbaut.

Das bedeutendste Bauwerk Gardas liegt am nördlichen Ende der Altstadt hinter einer hohen Mauer. Der ältere Teil der Villa Albertini ist an der gelben Fassade zu erkennen und entstand 1779, die roten Türme mit Zinnenkränzen wurden erst im 19. Jh. angefügt. Am 10. Juni 1848 weilte der König von Sardinien und Piemont, Carlo Alberto, in der Villa Albertini in Garda, wo nach einer Volksabstimmung der Anschluss der Lombardei an sein Königreich proklamiert wurde. Da sie sich in Privatbesitz befindet, ist eine Besichtigung der Villa nicht möglich.

Die knapp einstündige Wanderung zur Ruine der Rocca auf dem 300 m hohen Berg südöstlich der Stadt lohnt wegen der Aussicht über den See. Festes Schuhwerk ist vonnöten. Man biegt links neben der Kirche Santa Maria Maggiore (15. Jh., später barockisiert) in die Via S. Bernardo ein, die einige Meter weiter rechts abknickt. Von da geht rechts die Via degli Alpini ab, die den Berg hinaufführt.

Im Sommer findet jeden Freitagvormittag entlang des Lungolago einer der schönsten Märkte am See statt.

KLEINE PAUSE

Trinken Sie einen Kaffee oder löffeln Sie einen Eisbecher im **Giardinetto** am Lungolago (Nr. 27).

ⓘ ✛ 186 C2

❺ ★★ Riva del Garda

Was?	Einer der größten und bekanntesten Urlaubsorte der Region
Warum?	Darum (siehe oben). Und weil es hier wirklich viel zu sehen gibt: eine Wasserburg, einen schiefen Turm ...
Wann?	Vormittags, wenn die Sonne scheint: In Riva ist es nachmittags um vier mit dem schönen Schein oft schon vorbei
Wie lange?	Mindestens einen halben Tag, aber gern auch länger
Was tun?	Bummeln und flanieren, sowie ...
Was noch?	... shoppen: In Riva gibt es viele schöne Boutiquen

Die elegante Stadt hat einen der wichtigsten Häfen am See sowie ein schönes Altstadtzentrum, und während manche Gardaseestrände kaum breiter als ein Handtuch sind, ist der Strand in Riva so groß, dass er selbst im Hauptferienmonat August selten überlaufen ist. Schatten spendende Bäume gibt es zur Genüge – Eintritt zum Strand wird auch nicht verlangt.

Riva liegt im äußersten Nordwesten des Gardasees und wird von zwei Bergen flankiert: Im Osten trennt der nur 376 m hohe Monte Brione den Ort vom benachbarten Torbole, im Westen ragen die letzten Ausläufer des Monte Rocchetta

Die im lombardisch-venezianischen Stil errichteten Palazzi (rechts im Bild der Palazzo Municipale) und Arkaden in Riva lassen den Einfluss Veronas erkennen.

(1521 m) als steile, hohe Felsen auf. Ihre strategisch günstige Lage, mittels der sich der Nord-Süd-Handel von den Alpen bis zur Po-Ebene kontrollieren ließ, weckte immer wieder Begehrlichkeiten: die der Trentiner Fürstbischöfe, der Grafen von Arco, der Skaliger aus Verona, der Visconti aus Mailand und der Venezianer. Die entscheidende Seeschlacht der Venezianer gegen die Mailänder, die die Venezianer in den Besitz des gesamten Gardaseeraums brachte, fand im Jahr 1438 vor Riva statt. Nach dem Wiener Kongress fiel RivA 1875 an Österreich, bei dem es bis 1918 blieb. Um das Jahr 1900 war die Stadt ein beliebtes Reiseziel des Adels und Großbürgertums, der Künstler und Schriftsteller. Franz Kafka, Thomas Mann, Friedrich Nietzsche, Rainer Maria Rilke, Sigmund Freud und D. H. Lawrence sind nur einige der namhaften Persönlichkeiten, die hier zeitweise Quartier nahmen.

Altstadt

Der Torre Apponale an der Piazza Tre Novembre ließ in Nietzsche den Wunsch aufkeimen, darin sein Leben als Eremit zu beschließen.

Das Zentrum der Altstadt bildet die Piazza Tre Novembre am Hafen. Unter den bunt gestrichenen Häusern mit ihren langen Laubengängen fällt an der Westseite des Platzes ein Ensemble aus drei bedeutenden Palazzi ins Auge, in denen heute u. a. das Rathaus untergebracht ist: Aus dem 14. Jh. stammen der Palazzo Pretorio und der über Eck errichtete Palazzo del Provveditore, beide unter Cansignorio della Scala gebaut. Der Palazzo Municipale, in dem die venezianischen Gouverneure residierten, wurde im 15. Jh. angefügt. Durch den Laubengang und ein zinnenbekröntes Stadttor (Porta Bruciata) kommt man auf die kleine Piazza Rocco; rechter Hand kann man in die offene Apsis der früheren Kirche San Rocco sehen. An der Ostseite des Platzes ragt etwas schief der 34 m hohe Torre Apponale auf, der als Teil der Stadtmauer im 13. Jh. zur Verteidigung errichtet wurde. Die Rocca östlich des Torre Apponale steht mitten im Grünen auf einer kleinen, von Wassergräben umgebenen Insel. Sie wurde 1124 von den Skaligern erbaut sowie später von den Österreichern umgebaut und als Kaserne genutzt. Das darin eingerichtete Museo Alto Garda zeigt archäologische Funde der Region und besitzt eine Pinakothek mit Gemälden vom 16. bis zum 20. Jh.

Ein Spaziergang durch die Straßen der Altstadt sollte auch zur »Kirche der Unberührten« führen, dem kunsthistorisch bedeutendsten Bauwerk Rivas: Die äußerlich schmucklose, im Inneren prächtig ausgestattete Chiesa dell' Inviolata wurde Anfang des 17. Jhs. von einem unbekannten portugiesischen Architekten über achteckigem Grundriss errichtet.

Aus der Vogelschau: Riva del Garda mit der am Hafen gelegenen Piazza III Novembre, an deren Ostseite der bereits im 13. Jh. errichtete Torre Apponale aufragt.

Umgebung (auf dem See und fernab)

Eines der schönsten Schiffe am See, der Schaufelraddampfer Zanardelli von 1903, verkehrt ausschließlich im Norden, im Viereck Riva, Limone, Malcesine, Torbole. Das Pendant, die Italia, bedient den Süden. Die schnellste Direktverbindung von Riva nach Peschiera dauert 3,5 Std. Eine komplette Schiffsrundfahrt zu den wichtigsten Orten am See lässt sich also an einem Tag nur machen, wenn man auf einen Bummel durch die Orte verzichtet (www.navigazionelaghi.it).

Etwa 200 m über der Stadt ragt aus den Baumwipfeln am Hang des Monte Rocchetta ein Rundturm heraus, der einzige Überrest der 1703 von Franzosen zerstörten venezianischen Festung. Von dort blicken Sie herrlich auf Stadt und See.

Von Riva erreicht man über die Straße 421 (Richtung Lago di Tenno) nach ungefähr 4 km Varone: Hier stürzt die Cascata del Varone 90 m in eine enge Schlucht. Dank einiger Wege kommt man sehr nahe an die Fälle heran und erlebt so ganz intensiv die Kraft des Wassers, den Lärm und die Gischt.

KLEINE PAUSE

Riva hat eine der schönsten Uferpromenaden am See mit einigen Sitzbänken. Sie können sich aber auch in das **Caffè Città** an der Piazza Tre Novembre setzen und dort die Atmosphäre genießen.

---

187 D5

Museo Alto Garda (MAG) und Torre Apponale (Rocca di Riva)
☎ 0464 57 38 69 🌐 www.museoaltogarda.it 🕐 Juni–Sept. tgl. 10–18 Uhr; März–Mai und Okt–Nov. Mo geschl. Museum 5 €, Turm 2 €

Cascata del Varone
☎ 0464 52 14 21 🕐 Mai–Aug. tgl. 9–19, April und Sept. 9–18, März und Okt. 9–17; Nov.–Feb. nur So und Fei 10–17 Uhr
5,50 €

Nach Lust und Laune!

22 San Martino della Battaglia & Solferino

Die entscheidende Schlacht des italienischen Unabhängigkeitskrieges gegen die Habsburger, die Schlacht von Solferino, wurde am 24. Juni 1859 ausgetragen. Das unendliche Leid der Verwundeten, die ohne ärztliche Hilfe qualvoll auf dem Schlachtfeld sterben mussten, führte zur Gründung des Roten Kreuzes durch den Schweizer Humanisten christlicher Prägung Henri Dunant.

An klaren Tagen schon vom Gardasee aus sichtbar, ragt der 65 m hohe Turm von San Martino auf. Dahinter ist ein Museum zu der Schlacht eingerichtet. Eine 400 m lange Rampe schraubt sich bis zu einer Aussichtsplattform hoch, die Wände mit großen Gemälden über die italienischen Befreiungskriege seit 1848 bemalt. Im wenige Meter entfernten Museo della Battaglia sind Uniformen und andere Memorabilien aus dem Krieg von 1859 ausgestellt.

186 B1

Torre di San Martino e Museo
☎ 0309 910370 März–Okt. Mo–Sa 9–12.30, 14.30–19; Nov. bis Feb. 9–12.30, 14–17 Uhr 5 €

Museo Della Croce Rossa
✉ Via Garibaldi 50, 46044 Castiglione delle Stiviere ☎ 0376 638505 www.micr.it April–Okt. tgl. 9–12, 15–18, Nov–März Di–So 9–12, 14–17 Uhr 5 €

23 Parco Giardino Sigurtà

Etwa 8 km südlich von Peschiera, bei Valeggio sul Mincio, liegt der rund 0,6 km² große Naturpark Giardino Sigurtà, das Werk des Grafen Carlo Sigurtà (1898–1983). Mithilfe des Wassers aus dem Mincio, dessen Nutzungsrechte sich der Graf gesichert hatte, verwandelte er die zuvor von trockenen Moränenhügeln geprägte Landschaft in eine der schönsten Gartenanlagen Europas. Fast 40 Jahre lang widmete sich Sigurtà der Hege und Pflege, danach übernahm sein Neffe Enzo diese Aufgabe. Seit 1978 ist der Park der Öffentlichkeit zugänglich.

186 C1 ☎ 0456 371033
März–Okt. tgl. 9–19, Nov. 9–18 Uhr 12 €

24 Peschiera del Garda

Peschiera, wo der Mincio den Gardasee verlässt, hatte schon immer eine besondere strategische Bedeutung. Bereits die Römer besetzten den Ort, im Mittelalter wurden eine Burg und ein ummauerter Hafen errichtet. Als die Österreicher das Gebiet in ihren Herrschaftsbereich eingliederten, rissen sie die Burg nieder, verstärkten aber die Mauern und machten Peschiera zu einem der vier Eckpfeiler ihres Verteidigungsgürtels (neben Legnano, Mantua und Verona). Die österreichischen Wehranlagen sind immer noch beeindruckend anzusehen. Um sie vollständig zu betrachten, muss man sich jedoch aufs Wasser begeben. Achten Sie auf dem Hauptplatz auf die Rathausuhr: Zwei Bronzeadler zeigen mit ihren Schnäbeln die Stunde an. Schön zum Bummeln und Sitzen ist der Kanal nördlich der Altstadt.

186 C1

25 Gardaland

Nahe Peschiera findet man Italiens größten und beliebtesten Freizeitpark. Jedes Jahr kommen neue Attraktionen hinzu, sodass es auch denjenigen nicht langweilig wird, die immer wieder hierherkommen. Der Park eignet sich für Kinder aller Altersstufen, Erfrischungen gibt es reichlich. Zum Gardaland gehören auch das Sealife und das Delfinarium. Ein Pendelzug fährt an Sommerwochenenden kostenlos die 2 km vom Bahnhof von Peschiera zum Gardaland. Park und Parkplätze sind v. a. an den Wochenenden in der Hauptsaison meist überfüllt.

186 C2 ☎ 0456 449777
www.gardaland.it Ostern, Juni–Sept. tgl. 9–23, sonst 9–18 Uhr
ab 30 €

26 Lazise

Eine intakte Stadtmauer umgibt das historische Zentrum von Lazise. Da es sich um eine verkehrsberuhigte Zone handelt, kann man in Ruhe durch die hübschen Gassen mit zahlreichen Läden, Cafés, Trattorien und Restaurants bummeln. Schon im Mittelalter war die römische Siedlung Lasitium zu einem Marktort mit Kastell aufgestiegen. Die Skaliger erneuerten die Burg im 13. Jh. und verliehen ihr das heutige Aussehen mit zinnenbekrönten Türmen und Wehrgängen. Später fiel ihr unter der Herrschaft Venedigs eine Schlüsselstellung zu. Heute ist die Skaligerburg bewohnt und zusammen mit der Villa Bernini von einem Park umschlossen (keine Besichtigung möglich). Die imposante Piazza Vittorio Emanuele mit ihrem schönen Schachbrettboden ist das Zentrum und führt zum schmalen Hafenbecken, das eingerahmt ist von einer hübschen Häuserzeile mit Restaurants und Trattorien. Zum Hafen wie zum See hin öffnen sich die beiden weiten Bogen des im 14. Jh. erbauten Arsenals (Vecchia Dogana). Das aus weißem Bruchstein und Kieseln gefertigte Gebäude diente u. a. als Zollhaus und wird heute für wechselnde Ausstellungen

Auf der Piazza Vittorio Emanuele in Lazise.

Weiß, was gut ist: Federica, die heute mit ihren beiden Geschwistern Elena und Fausto das seit 1870 in Familienhand befindliche Weingut Zeni in Bardolino führt.

genutzt. Hinter dem Arsenal ragt der schmale Glockenturm der mit schönen Fresken geschmückten Kirche San Nicolò (12. Jh.) auf.

186 D2

27 Bardolino

Zu den bekanntesten Weinanbaugebieten an den Ufern des Gardasees gehört die Region um Bardolino, in der der gleichnamige Rotwein gekeltert wird. Vom Weinmuseum aus kann man der ausgeschilderten Route durch das Weinbaugebiet folgen. Auch Oliven spielen hier eine wichtige Rolle: Das Museo dell'Olio d'Oliva zeigt u. a. eine hydraulisch angetriebene Ölpresse aus dem 19. Jh. Den Mittelpunkt der Altstadt bildet die Piazza Matteotti, eigentlich mehr eine breite Flaniermeile als ein Platz, mit vielen Läden, Cafés und Trattorien. Der Eingangsbereich der neoklassizistischen Kirche Santi Nicolò e Severo wird von vier hohen Säulen markiert (19. Jh.). Vor dieser stimmungsvollen Kulisse geben die Bardoliner Philharmoniker von Juni bis Sept. wöchentlich ein Konzert im Freien.

An der Uferpromenade ist mit einem verwitterten Turm ein spärlicher Rest der Skaligerfestung zu sehen. Schöne Wanderungen kann man auf der Uferpromenade nach Norden bis Garda (3 km) machen – der Spazierweg führt an Olivenhainen, Badestellen und kleinen Wäldchen vorbei – oder nach Süden bis Cisano. Zu den schönsten und besterhaltenen romanischen Kirchen im Veroneser Raum gehört San Severo mit einem hohen, schlanken Campanile. Der Grundriss des Ende des 11. Jh.s aus Bruchsteinen errichteten Baus ist nicht symmetrisch, die Seitenschiffe sind unterschiedlich lang und breit. Die Wände im Innern bedecken ungewöhnlich lebendig wirkende Fresken. Zu den ältesten Bauwerken aus karolingischer Zeit gehört die kleine, versteckt in der Via San Zeno liegende Kirche San Zeno. Der winzige, schmal und hoch wirkende einschiffige Bau über kreuzförmigem Grundriss wurde im 8. Jh. errichtet.

Am Ende des Borgo Cavour stößt man auf die herrschaftliche Privatvilla der alteingesessenen Familie Guerrieri Rizzardi. Sie steht in einem großen, im 16. Jh. angelegten Park, der sich bis zur Seepromenade ausdehnt. In einem Laden neben dem Tor kann man Wein und Öl aus hauseigener Produktion erstehen.

186 D2
Museo del Vino
Via Costabella 9 ☎ 0457 210022
www.zeni.it tgl. 9–12.30 und 14.30–19 Uhr frei, die Geruchsgalerie mit Weinprobe und Fingerfood gegen Gebühr

Museo dell'Olio d'Oliva
Via Peschiera 54, Ortsteil Cisano
☎ 0456 229047 www.museum.it März–Mitte Jan. Mo–Sa 9–12.30, 14.30–19, So 9–12.30 Uhr frei

28 Punta di San Vigilio

Schon die Römer müssen den Reiz dieser 3 km westlich von Garda gelegenen, von Wiesen, Olivenbäumen und Zypressen bedeckten Landzunge gespürt haben, denn sie erbauten hier eine Villa. Heute steht am Ende einer Zypressenallee die privat genutzte Villa Guarienti. Im First-Class-Hotel Locanda di San Vigilio mit nur 14 Zimmern stiegen schon Laurence Olivier und Winston Churchill ab. Dort befinden sich auch die einem Einsiedler des 13. Jh.s gewidmete Kirche San Vigilio, ein Privathafen und ein teures Restaurant. Wer an der Punta baden will, kann das unweit an der gepflegten Baia delle Sirene (Sirenenbucht) tun, die mit Restaurant, Duschen und Spielplatz ausgestattet ist.

186 C2
Strandbad
Parco Baia delle Sirene
Juni–Sept. Mo–Sa 9.30–20, So 9–20 Uhr
12 €

Einer der schönsten Orte am Gardasee: die Punta di San Vigilio bei Garda.

Lega delle Bisse: Ruderwettbewerb in traditionellen, an Venedigs Gondeln erinnernden Booten.

29 Torri del Benaco

Eine weitere, noch mit einem Teil der alten Stadtmauer verbundene Skaligerburg bewacht die Landzunge an der östlichen Anlegestelle der Autofähre. Die imposante Anlage beherbergt heute ein Museum, das den am See heimischen Erwerbszweigen gewidmet ist: der Olivenöl- und Zitronenproduktion, dem Fischfang und der Gewinnung von Naturstein: Torri del Benaco war einst für seinen rotgelben Marmor berühmt. Dazu kommt noch eine Sammlung prähistorischer Felsgravuren aus der Region. Das alte Zitronenhandelshaus, die im Jahr 1760 erbaute Lemonaia, ist ebenfalls zu besichtigen: Nur wenige Häuser haben aus dieser Zeit überlebt, in der Zitronen für die Wirtschaft des Gardasees ebenso wichtig waren wie Oliven. Wer Zeit hat, sollte auch einen Blick auf die Fresken aus dem 14. Jh. in der Kirche Santa Trinità werfen – sie wurden im Stile Giottos gefertigt. Die Chiesa steht am hübschen alten Hafen, dem Ortsmittelpunkt, zu dessen Schutz die Burg einst errichtet wurde.

186 C3
Museo del Castello Scaligero di Torri del Benaco und Lemonaia
0456 29 61 11 www.museodelcastelloditorridelbenaco.it
Juni–Sept. tgl. 9.30–13, 16.30 bis 19.30, April–Mai und Okt. tgl. 9.30 bis 12.30, 14.30–18 Uhr 4 €

30 Nago-Torbole

Während sich das ganze Jahr über nur wenige Reisende nach Nago verirren – ein rund 150 m über Torbole auf einem Felsplateau gelegenes Dorf – strömen im Sommer täglich Tausende an die Strände von Torbole, das sich direkt ans Seeufer schmiegt und zum wichtigsten Surf- und Segelzentrum am Gardasee geworden ist. Auch Mountainbiker und Kletterer finden hier ideale Bedingungen, denn der Norden des Gardasees ist fast ganz von Bergen umschlossen; Wanderwege und Kletterfelsen sind gut ausgeschildert. Nagos einzige Sehenswürdigkeit ist die Ruine eines Kastells (13. Jh.), das einst das Gebiet vom Etschtal bis zum Gardasee überwachte. Die strategisch günstig gelegene Festung war im Besitz der Grafen von Arco, der Castelbarco, der Trentiner und der Venezianer, bevor sie 1703 von den Franzosen zerstört wurde. Heute befindet sich darin ein gutes Restaurant mit trentinischer Küche.

187 D5

31 Arco

Nördlich des Gardasees, etwa 6 km von Riva und Nago-Torbole entfernt, erhebt sich der steile Burgberg von Arco, zu dessen Füßen der gepflegte Luftkurort mit Palmenalleen, schön renovierten Renaissancehäusern und hübschen Geschäften liegt. Das milde Klima des Städtchens veranlasste schon 1872 den österreichischen Erzherzog Albert, seine Winterresidenz dorthin zu verlegen. Heute zieht Arco vor allem Freeclimber an: Jedes Jahr im September ermitteln diese beim »Rock Master« in Arco ihren Weltmeister. In Miniaturlandschaften nach den Herkunftsländern der Pflanzen angelegt ist Arcos Baumgarten (Arboreto), ursprünglich der Park des Erzherzoglichen Palasts.

187 D5

Castello di Arco
Via Castello 464 510156 April bis Sept. tgl. 10–19 Uhr, sonst kürzer

Parco Arciducale Arboreto
Via Lomego 464 58 36 36
April–Sept. 8–19, Okt.–März 9–16 Uhr frei

Beim Klettern in Arcos Ortsteil Massone.

Wohin zum ... Übernachten?

Preise für ein Doppelzimmer pro Nacht:
€ unter 80 Euro
€€ 80–150 Euro
€€€ über 150 Euro

BARDOLINO

Aqualux €€
Eines der besten Spa-Hotels am See mit acht Pools und sieben Saunen, am Ortsrand.
186 D2 Via Europa Unita 24 0456 22 99 99 www.aqualuxhotel.com

Hotel du Lac et Bellevue €€
90 Zimmer und Suiten, Restaurant, Bar, Pool, Sauna, Fitnesscenter und Bootssteg.
186 C2 Via Santa Cristina 0456 21 03 55 www.hotel-du-lac-et-bellevue-bardolino.it

GARDA

Locanda San Vigilio €€€
Nobeladresse in exquisiter Lage auf der Punta San Vigilio. Gut und (sehr) teuer.
186 C2 Punta San Vigilio 0457 25 66 88 www.punta-sanvigilio.it

LAZISE

Principe di Lazise €€
Hübsches Landhotel am Ortsrand, in einer Hügellandschaft wie in der Toskana gelegen. Zwei Pools und vier Saunen im sehr guten Spa. Empfehlenswertes Restaurant.
186 D2 Località La Greghe 0456 49 01 77 www.hotelprincipedilazise.com

MALCESINE

Hotel Aurora €
Zentral gelegenes, modern eingerichtetes Hotel mit schlichter aber gemütlicher Ausstattung. Freundliches Personal. Parkplatz.
187 C4 Piazza Vittorio Emanuele 10 0457 40 01 14 www.aurora-malcesine.com

Guesthouse Grand View €€€
Der Name ist ein Understatement. Das Guesthouse ist ein hübsches, modernes B&B und die Grand View eher eine Super View. Etwa 3 km oberhalb von Malcesine gelegen.
187 D4 Località Masotta 0456 59 02 19 www.guesthousegrandview.com

Villa Monica €€
Gutes 3-Sterne-Haus an einem der schönsten Strände am See.
187 C4 Località Baitone 0456 57 01 11 www.villamonica.com

PESCHIERA DEL GARDA

Hotel Ristorante Bel Sito €
Idealer Ausgangspunkt für Ausflüge zu den örtlichen Attraktionen und nach Verona. 2-Sterne-Hotel mit Pool, Garten, Tennisplatz, Fahrradverleih.
186 C1 Via Venezia 62 0456 40 09 21 www.belsitohotel.com

RIVA DEL GARDA

Du Lac et du Parc €€€
Sehr schönes 4-Sterne-plus-Resort mitten in einem herrlichen Park, der bis zum Seeufer führt.
187 D5 Viale Rovereto 44 0464 02 18 99 www.dulacetduparc.com

Lido Palace €€€
Das exklusive, Tradition und Moderne auf eine gelungene Art und Weise miteinander verbindende 5-Sterne-Haus ist eines der besten Hotels am See. Sehr gutes Restaurant, sehr elegantes Spa.
187 D5 Via Carducci 10 0464 02 18 99 www.lido-palace.it

TORRI DEL BENACO

Baia dei Pini €€€
Die Villa liegt direkt am Strand, ist modern, schick und etwas schrill ausgestattet. Pool, Parkplatz.
186 C3 Via Gardesana 115 0457 22 52 15 www.baiadeipini.com

Wohin zum ... Essen und Trinken?

Preise für ein Drei-Gänge-Menü (ohne Getränke und Service):
€ unter 30 Euro
€€ 30–50 Euro
€€€ über 50 Euro

BARDOLINO

Trattoria Da Nanni €€€
Hier lohnt sich eine kurze Fahrt ins Hinterland nach Costermano: Die hausgemachte Küche von Claudio Mazzurana ist exzellent.
186 D4 ✉ Via Gazzoli 1, Costermano
☎ 0457 20 00 80 🌐 www.dananni.com
Mo, Di-mittag geschl.

BRENZONE

Belvedere €
Der Familienbetrieb bietet regionale Spezialitäten wie Kaninchen, hausgemachte Nudeln und Holzofenpizza. Klasse Grappa.
186 D4 ✉ Località Marniga
☎ 0457 42 00 55 Di geschl.

GARDA

Bussola Garda €
Der Besitzer kocht die Pasta selbst, als Hauptgericht empfiehlt sich Languste. Es gibt auch Sitzgelegenheiten im Garten.
186 C2 ✉ Via Spagna 29 ☎ 0457 25 64 75 🌐 www.labussolagarda.com
Nov.–März geschl.

Trattoria Al Graspo €€
»Die Speisekarte bin ich«, sagt Küchenchef und Hausherr Luca. Für einen (fairen) Pauschalpreis gibt's ein vielgängiges Menü.
186 C2 ✉ Piazza Calderini 12
☎ 0457 25 60 46 🌐 www.graspo.it
Nov.–März geschl.

LAZISE

Alla Grotta €€
Am alten Hafen, gegenüber dem venezianischen Zollhaus, werden täglich wechselnde Fischspezialitäten (sowie einige wenige Fleischgerichte) serviert – roh und gekocht, aus dem (Garda-)See wie aus dem Meer.
186 D2 ✉ Via F. Fontana 8 ☎ 0457 58 00 35 🌐 www.allagrotta.it/de/restaurant.html Di sowie Dez.–Juni geschl.

Corte Olivo €€
Gegessen wird in einem schönen Innenhof, direkt innerhalb der alten Stadtmauer, im Sommer im Garten. Traditionelle Speisen.
186 D2 ✉ Corso Cangrande 22
☎ 0457 58 13 47 Di geschl.

Osteria Valesana €
Fast alles kommt vom Grill, und die grigliata mista ist einfach klasse! Vorneweg gibt's hausgemachte bigoli mit weißem Ragù.
186 D2 ✉ Località Valesana
☎ 345 460 81 74
im Sommer tgl. geöffnet

MALCESINE

Vecchia Malcesine €€€
Die Karte dieses Michelin-Stern gekrönten Restaurants bietet viel Meer- und Süßwasserfisch (probieren Sie den pochierten Hecht), aber wenig Fleischgerichte.
187 C4 ✉ Via Pisort 6 ☎ 0457 40 04 69
🌐 www.vecchiamalcesine.com
Mi geschl., Feb. geschl., Nov.–Jan. und März mittags geschl.

PESCHIERA DEL GARDA

La Torretta €€
Schönes altes Gebäude mit hölzernen Deckenbalken im Herzen der Altstadt. Auch Tische im Freien.
186 C1 ✉ Via G. Galilei 12
☎ 0457 55 01 08 Mi geschl.

RIVA DEL GARDA

Mediterraneo €€
Gutes Restaurant mit traditionellen Gerichten und Holzofenpizzen.
187 D5 ✉ Piazza Garibaldi 6
☎ 0464 55 01 75 Di geschl.

Frischer geht es nicht: Alberto Rania ist einer der letzten Berufsfischer am Gardasee. Was er frühmorgens fängt, verkauft er Di, Fr und Sa ab 10 Uhr auf der Piazza Battisti in Riva.

Wohin zum ... Einkaufen?

Märkte gibt es in Bardolino (Do sowie jeden 3. So Antiquitätenmarkt); Brenzone (Di); Garda (Fr); Lazise (Sa); Malcesine (Sa); Peschiera del Garda (Mo); Riva del Garda (Juni– Sept. 2. und 4. Mi im Monat; Okt.–Mai 2. Mi im Monat); Torbole (2. und 4. Di im Monat); Torri del Benaco (Mo).

BARDOLINO

Im Hinterland von Bardolino, in Cavaion Veronese, findet sich die **Kellerei Serene**, die besten Prosecco und Rotwein anbietet, nur ab Hof und mit sehr gutem Preis-Leistungs-Verhältnis (Località Sorsei 5, www.serenewine.com).

GARDA

Lederwaren gibt es bei **Mola** auf dem Corso Vittorio Emanuele 36. Ausgezeichneten Schmuck findet man bei **Modini** in der gleichen Straße (Nr. 26). Wer Kunst sucht, wird fündig bei **Garda Ceramiche** in der Via A. Manzoni 20, das ausgezeichnete Keramik vertreibt.

LAZISE

Keramik findet man bei **Il Gatto Nero**, Corso Ospedale 29. **Antico Mulino alla Torre** in der Via Raffaello 35 verkauft italienisches Kunsthandwerk wie Schmuck, Seife und Korbwaren. Bei **Clacson** (Corso Ospedale 28) gibt es schöne Kinderbekleidung.

MALCESINE

Millenium Pelletteria (Piazza Statuto 18) bietet eine schöne Auswahl an Lederwaren. Schmuck finden Sie bei **Voglia d'Oro** in der Via Capitanato 1. In der Stadt gibt es einige Kunstläden, etwa **Onice** (Corso Garibaldi 53), der sich auf Keramik spezialisiert hat. **Casanova** (Vicolo di Mezzo 5) bietet eine interessante Auswahl an Spitzen, Kerzen, Ölen und anderen Mitbringseln.

PESCHIERA DEL GARDA

Ein Besuch lohnt sich bei **Più Gioielli** in der Via Rocca 21, hier finden Sie schönen Schmuck und Silberwaren. Hochwertige Parfüms verkauft Hausherrin Giulia in ihrem Geschäft **Parfum Idéal** in der Via Rocca 23. Das Besondere: Die Blüten, Gewürze oder Tabake zur Parfüm-Gewinnung werden bis zu sechs Monate in Öle eingelegt. Die **Candela d'Arte Giesse** an der Piazza Betteloni 14 bietet handgefertigte Kerzen.

RIVA DEL GARDA

Wenn Sie etwas Ausgefallenes suchen, schauen Sie bei **Fronte Lago** (Viale San Francesco 9) vorbei, wo es schöne Taschen und

Schals gibt. Schmuck finden Sie bei Easy Gold in der Via Santa Maria 3, bei Orafo in der Via Montanara 16 (Goldschmuck) und bei Re Artu Bijoux in der Via Lipella, wo es ultramodernen Schmuck gibt.

TORBOLE

Coast to Coast, Via Matteotti 10, bietet junge Damenmode, die Gioielleria Santoni in derselben Straße (Nr. 5) verkauft schönen Schmuck. Zudem stehen Surfen und die entsprechenden Accessoires im Blickfeld. Der legendäre Point-7-Store-Torbole liegt etwas außerhalb in der Via Sabbioni 15 und bietet stets das Aktuellste der Szene.

Wohin zum ... Ausgehen (und Rausgehen)?

SPORT UND FREIZEIT

Wassersport
Am Nordende des Sees gibt es viele Surf-, Kite- und Segelschulen. Die beste Surfschule in Riva del Garda ist Sailing du Lac (Hotel du Lac et du Parc, Tel. 0464 55 24 53). In Torbole sind Circolo Surf (Tel. 0464 50 53 85) und Conca d'Oro Windsurf (Tel. 0464 54 81 92) sowie Surfcenter Lido Blu (Hotel Lido Blu, Tel. 0464 50 63 49) und Surf Segnana (Hotel Paradiso, Tel. 0464 50 59 63) empfehlenswert. Vom ehemaligen Surfweltmeister Heinz Stickl geführt wird das Stickl Sportcamp (Via Gardesana 160 in Val di Sogno di Malcesine, Tel. 045 657 09 88, www.stickl.com). Wenn Sie Segeln möchten, wenden Sie sich ebenfalls an Heinz Stickl in Malcesine, Fraglia Vela Riva (Tel. 0464 55 24 60), Lega Navale Italiana (Tel. 0464 55 52 01) oder Gardaseecharter (Tel. 3355 27 60 29) in Riva bzw. an Circolo Vela (Tel. 0464 50 62 40) in Torbole. In Riva gibt es außerdem eine Tauchschule: Gruppo Sommozzatori am Porto S. Nicolò (Tel. 0464 55 51 20). Kanus gibt es beim Canoa Club Canottieri Riva (Tel. 0464 55 52 94).

Erlebnissport
Mehrere Firmen bieten Felsklettern, Canyoning und Gleitschirmfliegen an, z.B. Kletterschule Franz Heiss in Nago (Tel. 3466 12 01 99), Canyon Adventures (Tel. 3348 69 86 66) in Torbole oder Fly 2 Fun (Tel. 3349 46 97 57) in Malcesine.

Golf
Der 18-Loch-Platz Club Paradiso del Garda in Peschiera del Garda (Tel. 045 640 58 02) ist der einzige seiner Art am Ostufer.

FESTIVALS

Im Juni findet in Lazise ein Fest mit mittelalterlichen Spielen statt. Ebenfals im Juni feiert man in Peschiera Weinfeste; im August veranstaltet man dort einen Palio, bei dem Ruderboote auf den Kanälen der Stadt ein Wettrennen austragen. Ein Festival internationaler junger Musiker findet Ende Juli in Riva statt. Malcesine veranstaltet im Sommer eine Reihe Musikalischer Abende. Doch das wichtigste Fest steigt Ende Sept./Anfang Okt. in Bardolino: 100 000 Gäste kommen zum traditionellen Weinfest, das seit 1929 stattfindet. Die junge Weine können probiert, Schlemmereien verköstigt und das Abschlussfeuerwerk bestaunt werden.

NACHTLEBEN

Im Norden des Gardasees ist das Nachtleben eher mau, mit Ausnahme von Riva. Coole Bars finden Sie dort etwa am Largo Medaglie d'Oro 2 mit der Riva Bar und einer großen Gin-Auswahl (am Gardasee destilliert!), in der Via Monte Oro 14 mit dem Maracaibo (auch Diskothek) und an der Piazza Catena 15 mit dem No Name. Kneipen und Pubs: Pub all'Oca, Via Santa Maria 9, und Pub Lochness, Viale Dante 39. Echte Diskotheken gibt's in Arco im Hinterland. In Torbole gilt die Wind's Bar in der Via Matteotti 11 als Hotspot schlechthin für viel Surftratsch;
beliebt ist auch der Cutty Sark Pub in der Via Pontalti 2. In Assenza di Brenzone geht's in den Sommerabenden in der Beach Bar Vaca Loca in der Via Gardesana 9 stets laut, lang und hoch her.

Der »Salon der Stadt«: Veronas Piazza Bra vereint 2000 Jahre alte Historie mit modernem Savoir-vivre zu einem stimmungsvollen Gesamtkunstwerk.

Verona

Was wäre Verona wohl ohne Romeo und Julia? Garantiert immer noch eine wunderschöne Stadt ...

Seite 96–123

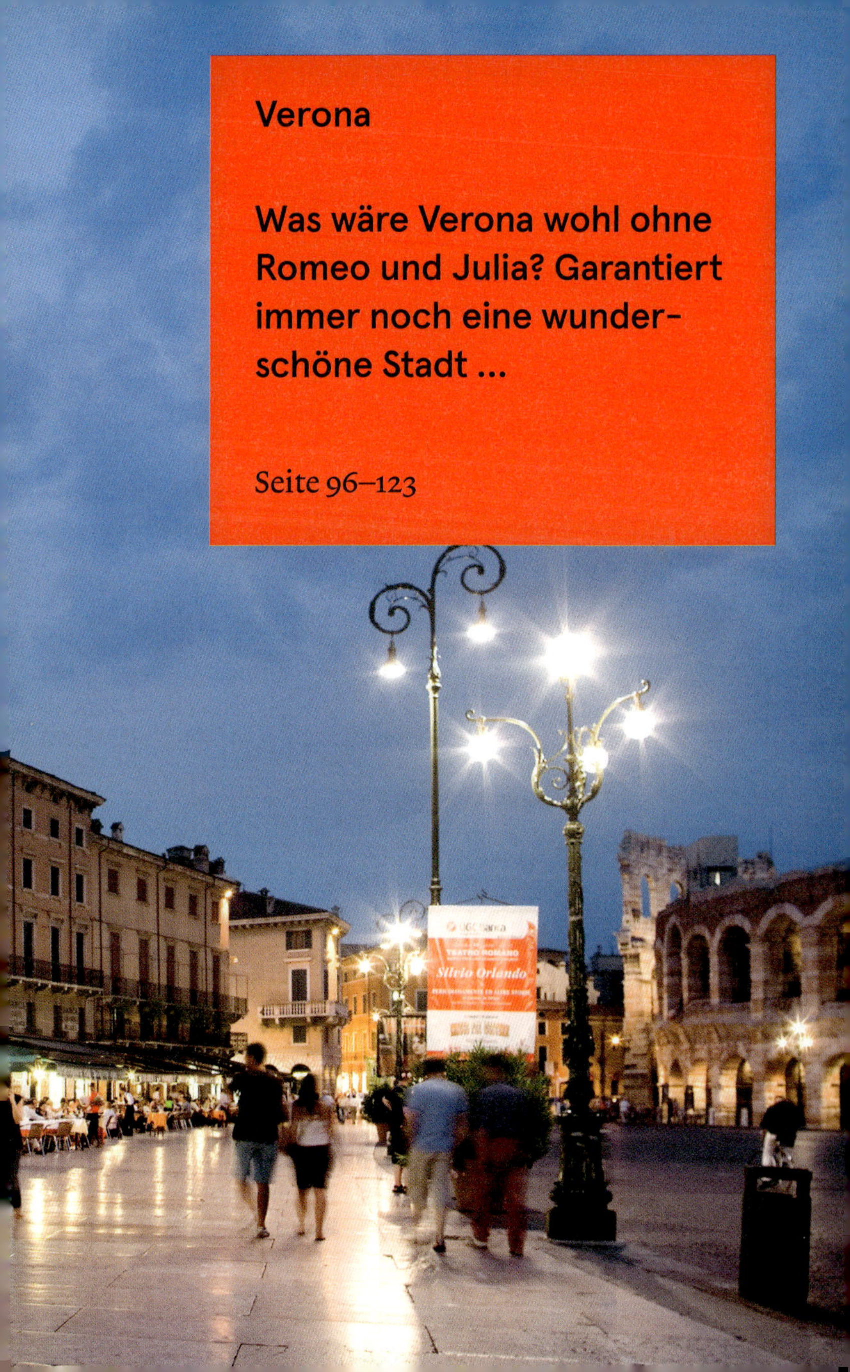

Erste Orientierung

Verona, die Hauptstadt der gleichnamigen Provinz, liegt auf einer von der Etsch umflossenen Halbinsel, von der zehn Brücken zu den Stadtteilen am anderen Ufer führen. Ihre Altstadt gehört zum Weltkulturerbe der UNESCO.

Bedeutung erlangte der Ort schon unter den Römern ab 89 v. Chr. Denn hier, am Ende des wichtigen Alpenpasses über den Brenner, trafen sich gleich drei römische Straßen: die Via Claudia, die Nordverbindung, sowie nach Ost und West die Via Postumia und die Via Gallia. Aus der Römerzeit stammt denn auch das bekannteste Gebäude der Stadt, die Arena. Nachdem die Römer das Innere der einen Etschschleife mit einem Schachbrett-Grundriss überzogen und eine mächtige Stadt gebaut hatten, okkupierten die Goten den Ort. Theoderich der Große – in der deutschen Sagenwelt als Diedrich von Bern bekannt – machte um das Jahr 500 Verona zur Königsstadt der Völkerwanderung. Im 13. Jh. residierten die Skaliger, 1387 wurden sie von den Visconti aus Mailand abgelöst. 1405 geriet die Stadt für rund 400 Jahre unter die Herrschaft von Venedig. 1797 wurde Verona mit Venetien österreichisch. Als Österreich Venetien an Italien verlor, wurde Verona 1866 ins Königreich Italien eingegliedert.

TOP 10

6 ★★ Piazza Bra & Arena di Verona

7 ★★ Piazza dei Signori

8 ★★ Piazza delle Erbe

Nicht verpassen!

32 San Zeno Maggiore

Nach Lust und Laune!

33 Castelvecchio & Ponte Scaligero

34 Tomba di Giulietta

35 San Fermo Maggiore

36 Casa di Giulietta

37 Santa Maria Antica

38 Sant'Anastasia

39 Duomo

40 Museo Archeologico & Teatro Romano

41 Giardini Giusti

42 San Giorgio in Braida

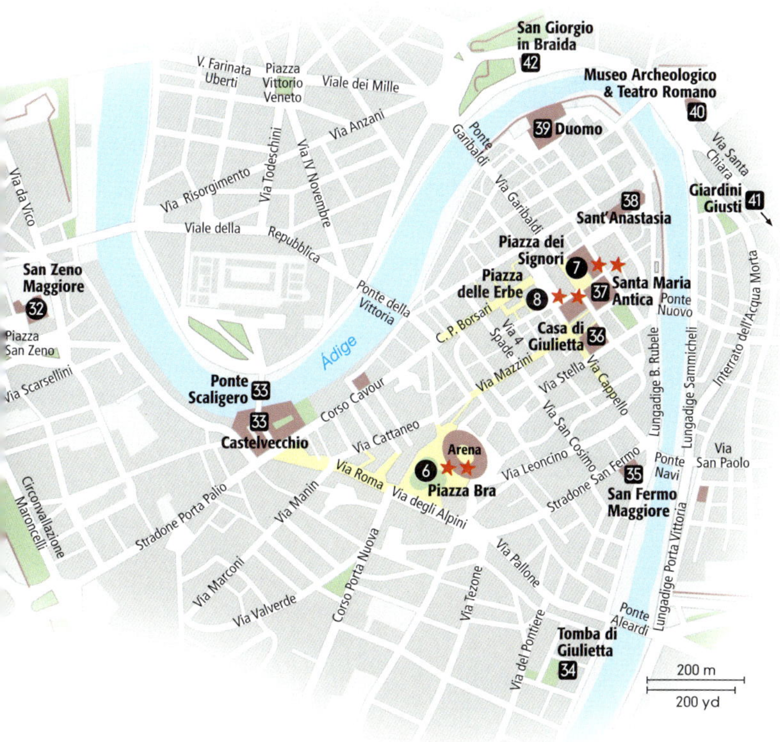

Mein Tag auf den Spuren von Romeo und Julia

»Es war die Nachtigall und nicht die Lerche«: Hier sind wir also in der Stadt, in der sich die berühmteste Liebesgeschichte der Welt zugetragen haben soll. Das ist zwar schon ein Weilchen her, aber immer noch scheint das tragische Schicksal von Romeo und Julia allgegenwärtig zu sein. Da lohnt sich eine literarische Suche auf den Spuren der beiden unglücklich Liebenden.

10 Uhr: Shakespeare ist an allem schuld

Los geht's an der ❻ ★★ Piazza Bra, ein illustres Plätzchen mit der Prachtkulisse der Arena. Am Torbogen am südwestlichen Eck des Platzes steht eine Bronze-Büste von William Shakespeare: Er ist für den ganzen Romeo-und-Julia-Hype verantwortlich. Dankeschön, Herr Dichter!

10.30 Uhr: Süße Küsschen

Kurz vor der Casa di Romeo darf ein Julia-Küsschen schnabuliert werden. In der Pasticceria De Rossi (Corso Porta Borsari 1a)¬gibt es *baci di Giulietta*, eine süße Verführung aus Marzipan und Zuckerguss. Lecker! Über den Bauch der Stadt, die Piazza delle Erbe, schlendern wir weiter zum Haus von Romeo.

10.45 Uhr: »O Romeo!«

Das bis heute in Privatbesitz befindliche, im Inneren nicht zu besichtigende mittelalterliche Backsteinhaus mit Turm und zinnengekrönten Umfassungsmauern erinnert daran, dass Romeos Familie mächtig und reich war: Die Montecchis waren Ghibellini – Parteigänger des Kaisers –,

13 Uhr: »Sag, liebst du mich?«
10.30 Uhr: Süße Küsschen
10.45 Uhr: »O Romeo!«
Posta di Giulietta
11.15 Uhr: »Weh mir!«
Osteria Giulietta e Romeo
13 Uhr
C. St. Anastasia
7
Casa di Romeo
10.30 Uhr
8
10.45 Uhr
C. P. Borsari
Pasticceria de Rossi
36
10 Uhr: Shakespeare ist an allem schuld
11.15 Uhr
Via Giuseppe Mazzini
Via Cappello
Via Oberdan
14.30 Uhr
Start/ Ende
Arena di Verona
Via Roma
10 Uhr/ 21 Uhr
6
Portoni de la Bra
14.30 Uhr: Zeit für die Shopping-Queen
Via degli Alpini
Via Pallone
100 m
100 yd
21 Uhr: »Nun gute Nacht!«
Via del Pontiere
17.30 Uhr: »Dann leg' ich dir mein ganzes Glück zu Füßen«
34
17.30 Uhr

Oben: Los geht's – schon am Vormittag ist die Piazza Bra ein illustres Plätzchen nicht nur für Romeos und Julias. Rechts: Liebesschwüre werden dann bei der Casa di Giulietta verewigt.

während Julias Familie Cappelletti zu den Guelfi gehörte, den Papst-Anhängern. Eine Konstellation, die die Liebe zwischen Julia und Romeo unmöglich erscheinen ließ.

11.15 Uhr: »Weh mir!«

In der Toreinfahrt der Via Cappello vor der 36 Casa di Giulietta drängeln sich die Menschen. Rechts und links werden Liebesbotschaften an die Wände geschrieben. Viele küssen sich oder schwören sich die ewige Liebe. Julias Bronzestatue gibt es erst seit dem Jahr 1972. Ihre rechte Brust ist glatt poliert. Fast jeder Besucher grapscht sie ungeniert an: Wer das macht, dem bleibt die Liebe ewig hold. Sagt man. Der Balkon ist zwar aus dem 13. Jh., wie Julias Haus auch, nur hatte dieses ursprünglich gar keinen Balkon. Den hat Shakespeare erfunden, wie das meiste der im 14. Jh. spielenden Liebestragödie. Mehr über Romeo und Julia, die wichtigsten Stationen ihrer unerfüllten Liebe und die zeitgeschichtlichen Zusammenhänge erfährt man im hier zu besichtigenden Museum.

13 Uhr: »Sag, liebst du mich?«

Bekanntlich geht die Liebe ja durch den Magen: Deshalb kehren wir nun zu Mittag in ein (gutes) Restaurant mit (noch besser) klingendem Namen ein: die Osteria Giulietta e Romeo: Wie wär's mit *pasta e fagioli* – Nudeln mit weißen Bohnen? Ein

Oben: Von Verona, with love. Der abendliche Besuch einer Vorstellung in der Arena ist der krönende Abschluss des Tages.

typisches Gericht für Verona: sehr fein! Das kleine Restaurant liegt am Corso Sant' Anastasia 27.

14.30 Uhr: Zeit für die Shopping-Queen

Jetzt brauchen wir unsere Kreditkarte. Welche Julia hätte keine Lust zum Shoppen? Und die Via Mazzini, die Haupteinkaufsstraße in Verona, liegt nur ein paar Minuten zu Fuß von der Osteria entfernt.

17.30 Uhr: »Dann leg' ich dir mein ganzes Glück zu Füßen«

Die Welt braucht Liebe! Selbst wenn sie in den Tod mündet: Nun gehen wir noch an das vermeintliche Grab von Julia, zur 34 Tomba di Giulietta, in den Katakomben der Kirche des heiligen San Francesco. Dort kann man heute sogar heiraten.

21 Uhr: »Nun gute Nacht!«

Ausgeruht, umgezogen und eine Kleinigkeit zu Abend gegessen, sind wir bereit für den Besuch einer Vorstellung in der 6 ★★ Arena di Verona: Wer weiß, vielleicht wird ja gerade »Aida« gegeben – oder »Carmen«, ein weiteres Spiel um Liebe und Macht.

Romeo-und-Julia-Stadtführung: Besonders reizvoll ist auch eine Stadtführung mit einer jener »Julias«, welche die jährlich rund 7000 Briefe beantworten, die an »Julia, Verona, Italia« gerichtet werden. Eine davon ist Manuela Uber (Tel. 347 471 74 04, manuela.uber@gmail.com; eine Führung für bis zu 25 Personen kostet 115 € und dauert ca. 2,5 Std.).

6 ★★ Piazza Bra & Arena di Verona

Warum?	Wegen der Arena, der Opernfestspiele, Shakespeare
Wann?	Immer. Aber am schönsten ist es mit einem Festivalbesuch im Sommer
Was tun?	Singen und singen lassen
Wie lange?	Einen Tag und eine Nacht (mit Oper)
Was noch?	Leute gucken auf der Piazza Bra ...

Einen Rundgang durch die Stadt beginnt man am sinnvollsten an der Piazza Bra, die mit der Arena di Verona in ihrem Zentrum einer der meist besuchten Plätze ist.

Piazza Bra

Man betritt die Piazza von Süden her durch die Portoni della Bra, ein doppelbogiges Stadttor mit einem Turm, den die Visconti um 1400 anfügten. Palazzi mit Fresken, Bogenfenstern und hübschen Balkonen (16.–18. Jh.) umrahmen die Piazza mit ihren vielen Cafés und Restaurants. Die Südseite wird begrenzt durch die Gran Guardia Nuova (Palazzo Municipale), das in den Jahren 1835 bis 1843 errichtete Rathaus mit einem halbkreisförmigen, nach 1945 angefügten Erweiterungsbau. Daneben steht das lang gestreckte veneziani-

Abendstimmung auf der Piazza Bra: Rund um die Arena flanieren Paare und Passanten.

sche Gebäude der Gran Guardia, der alten Hauptwache mit einer riesigen Loggia (1614). Hinter der Gran Guardia befinden sich der Konzertsaal Teatro Filarmonico (1716) und das Museo Lapidario Maffeiano. Das Gebäude ließ der Veroneser Gelehrte Scipione Maffei (1675–1755) für seine Sammlung antiker griechischer und römischer Skulpturen, Sarkophage, Reliefs etc. errichten.

Backstage bei den Opernfestspielen: eine Kostümbildnerin kleidet den Chorsänger Giancarlo Frison für seine Rolle als Soldat in Bizets Oper »Carmen« ein.

Arena di Verona

Die zweigeschossigen Arkadenreihen, die heute das Bild des im 1. Jh. n. Chr. für Gladiatoren- und Tierkämpfe errichteten römischen Amphitheaters bestimmen, wurden ursprünglich von einer weiteren, dreigeschossigen Außenmauer aus rotem Veroneser Marmor umgeben: Von dieser Prunkfassade sind nur vier Arkaden an der Nordseite erhalten. Das Innere besteht aus einer ellipsenförmigen Fläche (138 m x 109 m) mit 45 Stufenreihen und 15 000 Zuschauerplätzen. 1913 wurden anlässlich des 100. Geburtstags von Giuseppe Verdi die ersten Opernfestspiele in der Arena veranstaltet. Sie finden jedes Jahr zwischen Juni und September statt. An einer Aufführung wie »Aida« wirken über 700 Personen mit, vom Handwerker bis zum Produktionsleiter. An der Piazzetta Mura Gallieno, quasi der Hinterhof des Amphitheaters, lagern während der Festspielzeit die Requisiten einzelner Inszenierungen. An Wechseltagen sind Kräne im Einsatz, um die überdimensionalen Kulissen in die oder aus der Arena herauszubringen. Da lernt dann sogar die Sphinx fliegen.

KLEINE PAUSE

In der **Bar Liston** (Nr. 12) gibt es hervorragenden Kaffee, das **Olivo** (Nr. 18) bietet sich für ein Mittagessen an.

---

189 D3

Museo Lapidario Maffeiano
☎ 045 59 00 87 https://museomaffeiano.commune.verona
Di–So 8.30–14 Uhr 4,50 €

Arena
☎ 0458 00 32 04 www.arena.it
Mo 13.30–19.30, Di–So 8.30–19.30 Uhr – während der Opernfestspiele nur bis 15.30 Uhr 10 €

Musik und Spiele

Das römische Amphitheater ist eine antike Spielstätte der idealen Maße, ihre Größe zeugt von der historischen Bedeutung Veronas.

1 Oval: Im Zentrum des Rundbaus befindet sich die eigentliche Arena, das innere ausgehobene Oval. Hier fanden einst die Kämpfe der Gladiatoren, Stierkämpfe und Hetzjagden statt. In seinen beiden Achsen misst es 73,68 m und 44,53 m.

2 Cavea: Der Zuschauerraum wird aus 45 jeweils 45 cm hohen Steinstufen geformt. Darauf können heute bis zu 15 000 Menschen Platz nehmen. Die Länge des ellipsenförmigen Grundrisses beträgt von außen, in Höhe der Tore, 138,77 m.

3 Untergeschoss: Unter der Arena befinden sich heute die technischen Einrichtungen des Theaters. Früher waren hier die Räume für die Gladiatoren und die Tierkäfige.

4 Velaria: Den Zuschauerraum des Amphitheaters konnte man mit Sonnensegeln überdachen.

5 Ala: Ursprünglich wurde die Arena von einer Prunkfassade umgeben, die aber durch ein Erdbeben 1183 fast vollständig verloren ging. Nur der Nordflügel blieb in ganzer Höhe übrig.

6 Fassade: Die Rundbögen an der Fassade waren ursprünglich ein Bestandteil des Innenbaus. Man sieht, dass der rötliche Marmor von der Witterung angegriffen wird.

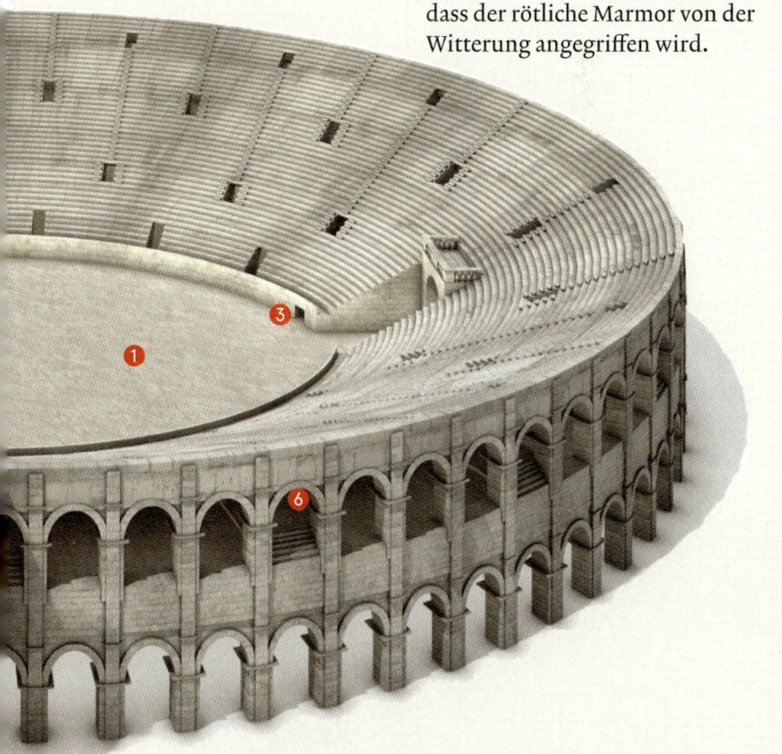

❼ ★★ Piazza dei Signori

Warum?	Weil das einer der elegantesten Plätze in ganz Norditalien ist
Wann?	Möglichst früh, noch bevor die Läden öffnen
Wie lange?	Etwa einen halben Tag
Was tun?	Schauen und staunen – und dazu einen Espresso schlürfen
Was noch?	Über Dantes Worte nachdenken: »Wir sind nur Würmer, doch dazu geboren, ein himmlischer Schmetterling zu werden.«

Die von prächtigen Palästen umstandene Piazza dei Signori, einst das Verwaltungs- und Regierungsviertel Veronas, ist der elegante »Salon« der Stadt.

Die Straßendurchgänge zum Platz werden von fünf großen, die Paläste miteinander verbindenden, reich verzierten Bögen überspannt. Von der Piazza delle Erbe her kommend betritt man den Platz unter den mächtigen Mauern des Palazzo del Comune. In dem von hohen Arkaden umgebenen Innenhof führt eine marmorne, einst überdachte Freitreppe (um 1450) zum ehemaligen Ratssaal. Über dem Bau erhebt sich der Torre dei Lamberti. 1575 schuf man mit einem die schmale Via Dante überspannenden Bogen eine optische Verbindung vom Palazzo Comunale zum Palazzo dei Tribunali: Die fes-

Lauschiges Plätzchen für Genießer: die Piazza dei Signori.

tungsartige Vierflügelanlage mit ihrem Wehrturm ließ der gefürchtete Cansignorio della Scala errichten; später diente der Bau als Artillerieschule und als Sitz des venezianischen Statthalters. Die Loggia entstand 1476, das Renaissanceportal schuf 1530 Michele Sanmicheli. An der Nordseite der Piazza steht die zweigeschossige Loggia del Consiglio, eines der schönsten, 1486 bis 1493 entstandenen Bauwerke der Frührenaissance. Bekrönt wird das Gebäude von fünf Statuen berühmter Veroneser der Antike. An der östlichen Seite des Platzes schließt der zinnenbekrönte Palazzo del Governo an, ebenfalls eine ehemalige Residenz der Familie della Scala. Giotto und Altichiero statteten den Palast mit Fresken aus, die teils noch heute erhalten sind.

Etwa sieben Jahre lang lebte der aus Florenz verbannte Dante Alighieri, dem in der Platzmitte ein Denkmal gewidmet ist, in Verona: von 1303 bis 1304 und von 1312 bis 1318.

Die Skaliger in Verona

Hundertzehn Jahre lang, von 1277 bis 1387, herrschte die Adelsfamilie de la Scala über die Stadt. Durch geschicktes Paktieren mit Venedig, dem Mastino I. della Scala Märkte und Transportwege zur Nutzung überließ, konnte er den wirtschaftlichen Aufschwung seiner Stadt fördern. Bruder Alberto della Scala ließ später alle seine Gegner beseitigen, um die Herrschaft der Familie zu sichern. Deren einflussreichster Vertreter wurde Cangrande I. della Scala (1291–1329), der auch Dichter und Gelehrte wie Dante an den Hof holte. Unter ihm wandelte sich die Stadtrepublik zu einem Flächenstaat, in den Vicenza, Belluno, Padua und Treviso einverleibt wurden. Die letzten Jahrzehnte der Dynastie waren gezeichnet von Intrigen und Greueltaten, bis sich die Scaligeri in einer aufsehenerregenden Folge von Familienmorden beinahe selbst ausrotteten und schließlich die kaum weniger grausamen Visconti von Mailand aus die Stadt einnahmen.

KLEINE PAUSE

Für den kleinen Hunger oder einen Kaffee empfiehlt sich das **Caffè Dante** (Nr. 2) mit Bar und Restaurant in einem um 1500 entstandenen Renaissancebau, der seit seiner Restaurierung im neuen Glanz erstrahlt.

✢ 189 E4

❼ ★★ Piazza delle Erbe

Warum?	Auf dem zentralen Marktplatz ist immer etwas los
Wann?	Gleich um 9 Uhr den Torre dei Lamberti hinauf
Wie lange?	Etwa einen halben Tag
Was tun?	Auch hier: schauen, staunen – und Espresso schlürfen

Den Mittelpunkt der Altstadt bildet einer der schönsten lang gestreckten Plätze Italiens, auf dem wochentags ein Blumen- und Gemüsemarkt stattfindet.

Rechte Seite: Den Marktbrunnen auf der Piazza delle Erbe ziert die Madonna Verona mit einer Schriftrolle in der Hand, auf der steht: »Für diese Stadt, Trägerin von Gerechtigkeit und Geliebte des Lobes«.

An dieser Stelle befand sich einst schon das Forum der Römerstadt; es liegt 4 m unter dem heutigen Bodenniveau. Auf dem Platz steht der Capitello, ein baldachinbekröntes Podest (16. Jh.), von dem aus dem Volk wichtige Entscheidungen und Gerichtsbeschlüsse verkündet wurden. Weiter nördlich sieht man den Marktbrunnen. In der 1301 gebauten und 1878 wiedererrichteten Casa dei Mercanti gegenüber dem Palazzo del Comune versammelten sich früher die Kaufleute.

Nördlich vom Palazzo del Comune stehen hinter dem Durchgang zur Piazza dei Signori die Case dei Mazzanti. Die schönen Renaissancefresken an ihren Fassaden entstanden als Auftragsarbeit der Familie Mazzanti, die diese Häuser im Jahr 1517 erwarb.

In dem barocken Palazzo Maffei (1668) an der Nordseite des Platzes ist eine Touristeninformation untergebracht. In der Nähe erhebt sich die Torre del Gardello mit der ältesten Stadtuhr Veronas von 1370. Vom 84 m hohen Torre dei Lamberti an der anderen Seite der Piazza hat man einen herrlichen Rundblick. Vom Innenhof des Palazzo del Comune führt ein Lift auf die Turmspitze.

KLEINE PAUSE

Gute heiße Schokolade – und natürlich Kaffee – gibt es im **Mezzaparte** (Nr. 8 a).

ℹ

✛ 189 E4

Torre dei Lamberti
☎ 0459273027 ◷ tgl. 9–19 Uhr 🎟 8 €

PIAZZA DELLE ERBE

㉜ San Zeno Maggiore

Warum?	Eine der schönsten romanischen Kirchen Norditaliens
Wann?	Gleich um 8.30 Uhr, wenn aufgeschlossen wird
Wie lange?	Zwei Stunden sollten genügen
Was tun?	Großartige Kunst – und andächtige Stille – genießen

Die große Basilika wird von einem Glockenturm und einem zinnenbekrönten Wehrturm flankiert. Der heutige Bau entstand im 12. Jh. über dem Grab des Stadtpatrons, des heiligen Zeno, als Kirche eines Benediktinerklosters.

Der in den Jahren 362 bis 371 amtierende Bischof von Verona stammte aus Afrika, deshalb wurde die gotische Sitzfigur in seiner Grabkirche San Zeno aus schwarzem Marmor gefertigt. Er zählt zu den bedeutenden frühchristlichen Kanzelrednern, die die Lehre Jesu im Veneto gegen das aufflackernde Heidentum vehement verteidigten. Mittelalterliche Legenden rühmen seine Fürsorge für Arme und Kranke wie sein unerbittliches Vorgehen gegen den Arianismus, für deren Anhänger Christus mit Gott nicht wesensgleich, sondern nur wesensähnlich ist. Als Zeno am 12. April 371 starb, hinterließ er eine umfangreiche Sammlung von lateinischen Schrif-

Im Inneren der Kirche des Stadtpatrons werden die romanischen Formen ins Monumentale gesteigert und zugleich verfeinert.

tauslegungen und Abhandlungen zu Taufe, Osterliturgie und Mariologie.

Die Westfassade wird beherrscht von der großen Fensterrose und dem von Maestro Nicolò geschaffenen Portal, einem Meisterwerk der gotischen Bildhauerkunst. Es liegt hinter einem Baldachinvorbau, dessen Säulen auf zwei steinernen Löwen ruhen. Im Tympanon des Portals überreicht Bischof Zeno das Banner der freien Kommune an die Veroneser Bürger. Die Bronzetüren (bzw. Holztüren, auf die Bronzetafeln aufgenagelt wurden) können anhand stilistischer Unterschiede zwei Entstehungsphasen zugeordnet werden. Die Darstellungen auf den älteren, um 1100 entstandenen Tafeln haben keinen Bildraum, und den Figuren fehlt die Standfläche, während auf den jüngeren Reliefs (um 1200) bereits mit den Mitteln der Perspektive eine räumliche Wirkung erzeugt wird. Dargestellt sind alt- und neutestamentliche Szenen, Wundertaten des hl. Zeno, Königsfiguren sowie Allegorien der Tugenden. Das hohe Mittelschiff schließt mit einer eigenwilligen Holzdecke (14. Jh.), während der erhöhte Chor rippengewölbt ist. Unter dem Chor befindet sich die Krypta. Ihr Gewölbe spannt sich über 48 Säulen mit kunstvoll gearbeiteten Kapitellen. Eine Brüstung mit den Statuen von Christus und den Aposteln (um 1260) trennt das Langhaus vom Chor, wo das bedeutendste Kunstwerk des Gotteshauses aufgestellt ist: das dreiteilige Altarbild (Kopie) mit der thronenden Muttergottes im Zentrum, ein Frühwerk (1456–1459) des bedeutenden Renaissancemalers Andrea Mantegna. Die leuchtende Farbigkeit und der Eindruck eines dreidimensionalen Bildraums, der sich in der Rahmenarchitektur fortsetzt, kennzeichnen Mantegnas hohe Meisterschaft.

Der im Jahr 1123 errichtete Kreuzgang, dessen Gewölbe im 14. Jh. dem Zeitstil angepasst wurden, ist vom nördlichen Seitenschiff aus zugänglich. Überragt wird er von einem der imposantesten Campaniles der Romanik.

KLEINE PAUSE

Zum Mittagessen bietet sich ein Stück weiter, auf der Piazza San Zeno 10, die **Trattoria Al Calmiere** an, wo man schön draußen im Schatten sitzen kann.

---

188 B4

März–Okt. Mo–Sa 8.30–18, So 12.30–18, Nov.–Feb. Mo–Sa 10–13, 13.30–17, So 12.30–17 Uhr

Nach Lust und Laune!

33 Castelvecchio & Ponte Scaligero

Die in der Mitte des 14. Jhs. unter Cangrande II. errichtete Anlage am Ufer der Etsch besteht aus zwei Teilen: einem zur Stadt hin ausgerichteten Festungsbau mit Kaserne, der die Skaliger weniger gegen äußere Feinde als gegen die Veroneser schützen sollte, und einem Wohnpalast. Dazwischen ragt ein hoher Wehrturm auf, durch den man zum Ponte Scaligero gelangt. Diese 1375 fertiggestellte Brücke sollte den Bewohnern des Castelvecchio bei einer Gefahr die Flucht über die Etsch ermöglichen. In weitem Bogen spannt sich die zinnenbekrönte, mit Bastionen und Wehrgängen befestigte Brücke über den Fluss. Nach dem Sturz des letzten Skaligers 1387 verfiel die Festungsanlage. Bei ihrer Restaurierung (1923–1964) richtete man das Museo di Castelvecchio darin ein. In diesem Zusammenhang wurde dem ehemaligen Wehrbau eine venezianisch-gotische Fassade vorgesetzt. Der Architekt Carlo Scarpa gestaltete die historischen Innenräume des Kunstmuseums. Dessen eindrucksvolle Gemäldesammlung präsentiert in 29 Sälen Arbeiten von Veroneser Bildhauern und Malern vom 12. bis zum 18. Jh. Zu Beginn sind Skulpturen vom 12. bis zum 15. Jh. ausgestellt, danach folgen Beispiele veronesischer Malerei (14./15. Jh.), u. a. eine »Madonna mit der Wachtel« von

Am Ponte Scaligero, Veronas schönster Brücke.

Pisanello. Die Blüte der Veroneser Malerei in Gotik und Renaissance ist mit weiteren hervorragenden Werken vertreten, etwa von Turone und Bellini. Bedeutende Gemälde, u. a. von Veronese, Tintoretto und Tiepolo, dokumentieren das 16. und 17. Jh. Auf einem Sockel zwischen dem Wehr- und dem Wohnbau thront eines der bedeutendsten Kunstwerke des Museums: die vieldeutig lächelnde Reiterstatue des Cangrande della Scala (14. Jh.).

Museo di Castelvecchio
188 C3 ☎ 0458 062611
museodicastelvecchio.comune.verona.it Di–So 8.30–19.30, Mo erst ab 13.30 Uhr 6 €

34 Tomba di Giulietta

Etwa 350 m südlich der Arena stößt man in der Barockkapelle des ehemaligen Klosters San Francesco al Corso in der Via del Pontiere auf das angebliche Grab der Julia, einen – leeren – Marmorsarkophag aus dem 14. Jh. Dass hier die Shakespeareheldin begraben liege, ist ebenso eine Legende wie jene, dass in diesem ehemaligen Kloster die Trauung von Romeo und Julia stattgefunden hätte. Aber was für das Haus der Julia gilt, gilt auch für ihre letzte Ruhestätte: Schön ist vor allem die Illusion. Jenseits davon erzählen die in dem kleinen angeschlossenen Museo degli Affreschi gezeigten mittelalterlichen Fresken ihre ganz eigenen Geschichten.

Tomba di Giulietta/Museo degli Affreschi
189 E2 Via Luigi da Porta 5
0458 000361 museodegli affreschi.comune.verona.it
Di–So 8.30–19.30, Mo erst ab 13.30 Uhr 4,50 €

35 San Fermo Maggiore

Nördlich der Tomba di Giulietta steht diese Kirche an der der Stadt zugewandten Seite des Ponte Navi. Über einem Vorgängerbau aus dem 6. Jh., der den beiden Veroneser Märtyrern Fermo und Rustico († 361) geweiht war, erbauten Benediktinermönche 1065 bis 1138 eine Doppelkirche. Die Franziskaner, die die Kirche 1260 zugesprochen bekamen, wandelten die dreischiffige Oberkirche in eine Hallenkirche um und verlängerten sie nach Westen. Im Osten entstand die auffällige Chorgruppe, die vom Kontrast zwischen dem gotischen Hauptchor mit aufstrebenden Lanzettfenstern und den vier kleinen romanischen Apsiden geprägt wird. In ihrem Innern empfiehlt sich ein Rundgang durch die gotische Oberkirche (13./14. Jh.), bevor man die romanische Unterkirche (11./12. Jh.) betritt. Herausragend sind in der Oberkirche die Bildhauerarbeiten, die Holzdecke und die Fresken. Die Unterkirche erscheint dagegen etwas schlicht, aber auch hier lohnen einige schöne Fresken den Besuch.

189 F3

36 Casa di Giulietta

Jahr für Jahr pilgern rund drei Millionen Menschen nach Verona, um sich selbst einen Eindruck von der Stadt zu machen, in der William Shakespeare die wohl bekannteste Liebesgeschichte der Weltliteratur ansiedelte. Gut möglich, dass der Dichter sich dabei an eine Giordano Bruno zugeschriebene italienische

Pilgerstätte für Liebende: Casa di Giulietta.

Redewendung hielt, die da lautet: *»Se non è vero, è (molto) ben trovato«* (»Wenn es nicht wahr ist, ist es doch gut erfunden«). In Verona jedenfalls lebt man gut mit der shakespearschen Erfindung, und um dem fiktiven Geschehen einen realen Ort zu verschaffen, ließ Antonio Avena, der damalige Direktor der Veroneser Museen, zu Beginn des 20. Jhs. einen Sarkophag aus seinem Museumsfundus zum Balkon umfunktionieren und am Haus der Cappello anbringen – der Name dieser Kaufmannsdynastie des 13. Jhs. erinnert entfernt an Julias Familie Capuleti. Die gotischen Fenster und das Spitzbogenportal wurden von anderen Gebäuden herbeigeschafft – fertig war die Inszenierung. Zwei Straßen weiter nördlich, in der Via Arche Scaligere, gibt es eine Casa di Romeo – dabei handelt es sich um die Reste eines ehemaligen Stadtpalastes der Familie Montecchi (Montague).

189 E4 Via Cappello 23 ☎ 0458 03 43 03 casadigiulietta.comune.verona.it tgl. 9–19 Uhr 8 €

37 Santa Maria Antica

Der Durchgang zwischen dem Palazzo del Governo und dem Palazzo dei Tribunali führt von der Piazza dei Signori zu dieser kleinen dreischiffigen Kirche (12. Jh.), der Hauskirche der Scaligeri. Über dem Portal befindet sich der Sarkophag des Cangrande I. († 1329), den zwei Hunde in Anspielung auf den Herrschernamen Cangrande (»großer Hund«) tragen. Über dem Baldachin des Grabmals erscheint die Nachbildung einer ungewöhnlichen Statue mit lachendem Reiter (Original im Castelvecchio). Auf dem Familienfriedhof neben der Kirche befinden sich die gotischen Grabmäler der Familie della Scala (Arche Scaligere): der Sarkophag Mastinos II. († 1351) und der aufwendig gestaltete Prunksarg des Cansignorio († 1375), jeder unter einem reich verzierten Baldachin mit (von der Reiterfigur des jeweiligen Skaligers bekröntem) Pyramidendach. Das Gitter um den Friedhof stammt aus dem 14. Jh.

189 F4

38 Sant'Anastasia

Ebenfalls von der Piazza dei Signori geht es durch schmale Gassen zur Kirche Sant'Anastasia in unmittelbarer Nähe des Etschufers. Dieser mächtige Backsteinbau – die größte gotische Kirche Veronas – wurde ab dem Jahr 1290 als Klosterkirche der Dominikaner errichtet und erst 1481 vollendet. Vom gegenüberliegenden Etschufer hat man einen guten Blick nicht nur auf den architektonisch fein gegliederten Glockenturm, sondern auch auf die Chorpartie mit ihren sechs polygonalen Kapellen. Der Gesamteindruck des schwach beleuchteten, durch hohe Säulen in drei Schiffe unterteilten Innenraums wird

Blick vom Castel San Pietro auf die Etsch und die Innenstadt von Verona.

durch den farbigen Fußboden, die roten Marmorsäulen und die ornamentale Gewölbeausmalung bestimmt. Die beiden Weihwasserbecken am ersten Säulenpaar werden von buckligen Figuren, den »due gobbi«, getragen. Die linke Figur ist von 1500 und wird Caliari, dem Vater des berühmten Paolo Veronese, zugeschrieben; die rechte ist neun Jahre älter. Im Hauptchor steht das 1429 geschaffene Grabmal des Condottiere Cortesia Serego, der unter den Skaligern als Feldherr diente. Hervorragende spätgotische Freskenmalerei findet man in den Kapellen links und rechts des Hauptchores. Besonders interessant ist die südlichste Kapelle, in der Altichiero um 1390 die Wand mit dem Grabmal des Federico Cavalli mit einem grandiosen Votivfresko schmückte. Das Fresko »Aufbruch des heiligen Georg zum Kampf mit dem Drachen«, das Pisanello um 1435 über dem Bogen zur ersten Kapelle rechts vom Hauptor malte, gilt als eines der Hauptwerke oberitalienischer Malerei, mit dem der spätgotische Stil vollendet und zugleich überwunden wird – gut zu erkennen an der Darstellung des Pferdes, dessen extrem perspektivische Verkürzung bereits auf das Raumempfinden der Renaissance hinweist.

189 F4

39 Duomo di Santa Maria Matricolare

Von außen ist Veronas Kathedrale eine romanische Basilika. Ihr Bauschmuck konzentriert sich vor allem auf das Hauptportal, das als

Werk von Maestro Nicolò gilt. An den Säulen des Portalgewändes sind neben Propheten auch zwei Kriegerfiguren zu sehen, bei denen es sich um Roland und Olivier, zwei Paladine Karls des Großen, handeln soll. Der monumentale, durch Bündelpfeiler in drei Schiffe nahezu gleicher Höhe unterteilte Innenraum ist geprägt von späteren Umbauten, insbesondere denen des 15. und beginnenden 16. Jh.s. Imposant im Inneren ist das großformatige Altarblatt in der ersten Kapelle des nördlichen Seitenschiffs: Tizians Darstellung der »Himmelfahrt Mariens« (um 1540).

189 E5 ☎ 045 59 28 13
März–Okt. Mo–Sa 10–17.30, So 13.30–18, Nov–Feb. Mo–Sa 10–17, So 13.30–17 Uhr 2,50 €

40 Museo Archeologico & Teatro Romano

Jenseits des Ponte della Pietra – eine von zwei römischen, die Etsch überspannenden Brücken der Stadt – steigen am Hang unter dem Castel San Pietro die Zuschauerränge des ehemaligen römischen Theaters aus der Zeit des Kaisers Augustus (63 v. Chr.–14 n. Chr.). Im Sommer wird es für Konzerte, Ballett- und Theateraufführungen genutzt. Oberhalb der Ränge stehen die Kirche Santi Siro e Libera (10. Jh.) mit einer barocken Marmortreppe und das spätmittelalterliche Kloster San Girolamo. In Letzterem ist das Museo Archeologico untergebracht.

189 F5 ✉ Via Redentore 2
☎ 0458 00 03 60 ✉ www.museoarcheologico.commune.verona.it
Di–So 8.30–19.30, Mo ab 13.45 Uhr 4,50 €

41 Giardini Giusti

Durch die Porta Organa kommt man zum Palazzo Giusti (1580). Der angeschlossene Renaissancegarten (s. rechte Seite) ist ein kleines Paradies: Hinter einem Irrgarten aus Hecken, Statuen und plätschernden Wasserspielen zieht sich der Park mit kleinen Pfaden und Hohlwegen an Grotten und alten Pavillons vorbei den Hang hinauf. Weiter oben gibt es einen im 19. Jh. neu gestalteten Abschnitt, dessen Zypressen schon Goethe entzückten.

189 südöstl. F5 ✉ Via Giardini Giusti 2 ☎ 0458 03 40 29
April–Sept. tgl. 9–20, Okt.–März 9–19 Uhr 7 €

42 San Giorgio in Braida

Wenn Sie sich nach der Überquerung des Ponte Pietra am Fluss rechts halten, gelangen Sie zu dieser Kirche, die im 15. Jh. anstelle eines Vorgängerbaus entstand und 200 Jahre später von Sanmicheli ihre auffällige Kuppel erhielt. Zu den kostbaren Schätzen im Innern gehören Veroneses »Martyrium des heiligen Georg« und Tintorettos »Taufe Christi«.

189 E5

Abtauchen in der grünen Oase

Verona ist nicht Roma. Aber Verona ist auch kein Dorf. Und so braucht man beim Stadtbummel mit Sightseeing und Shopping neben dem Kaffee auch mal eine echte Oase in der Stadt. Die hat in Verona einen Namen: Giardini Giusti. Dabei handelt es sich um einen wunderschönen Renaissance-Garten mit hohen Zypressen und den Statuen von Göttinnen und Göttern wie Adonis, Apollo, Diana, Juno und Venus: ideal zum Abtauchen in mythische Welten – genau richtig für einen magischen Moment der Ruhe …

Wohin zum ... Übernachten?

Preise für ein Doppelzimmer pro Nacht:
€ unter 80 Euro
€€ 80–150 Euro
€€€ über 150 Euro

Hotel Accademia €€€
Von diesem Hotel mitten in der Altstadt ist es nicht weit zum Haus der Julia. Es ist in einem Palazzo aus dem 17. Jh. untergebracht und bietet historisches Mobiliar und modernen Komfort. Gute Ausstattung, das Restaurant ist exzellent.
189 E3 Via Scala 12 ☎ 045 59 62 22
www.hotelaccademiaverona.it

Bologna €€
In einem reizenden alten Gebäude, 50 m von der Arena und komplett renoviert. Gut ausgestattete, ruhige Zimmer, freundliches Personal, bewachte Parkgelegenheit.
189 D3 Piazzetta Scalette Rubiani 3
☎ 0458 00 68 30 www.hotelbologna.vr.it

De Capuleti €€
Das Best-Western-Hotel befindet sich unweit des Grabes der Julia und in fußläufiger Entfernung zur Arena (10 Min.). Die Hotelzimmer wurden modernisiert und auf einen hohen Standard gebracht.
189 E2 Via del Pontiere 26
☎ 0458 00 01 54 www.hotelcapuleti.it

Due Torri Hotel €€€
Der Palazzo aus dem 13. Jh. nahe Sant' Anastasia präsentiert sich als exklusivstes Hotel in Verona. Die stilvoll eingerichteten Zimmer und die historisch-stimmungsvollen Räumlichkeiten bieten alle denkbaren Annehmlichkeiten. Zum Hotel gehört auch ein Spitzenrestaurant.
189 F4 Piazza Sant'Anastasia 4
☎ 045 59 50 44 www.hotelduetorri.duetorrihotels.com

Giulietta e Romeo €€
Kleines Mittelklassehotel, direkt hinter der Arena. Von hier aus kann man alles zu Fuß machen. Fahrräder werden kostenlos gestellt. Die Zimmer sind aber recht klein.
189 E3 Vicolo Tre Marchetti 3
☎ 0458 00 35 54
www.giuliettaeromeo.com

Grand Hotel €€€
Das Grand Hotel liegt an der Verbindungsstraße zwischen dem Stadtzentrum und der A4, zur Piazza Bra sind es nur ein paar Minuten zu Fuß. Sehr moderne Zimmer und ein reizender Garten.
189 D2 Corso Porta Nuova 105
☎ 045 59 56 00 www.grandhotel.vr.it

San Marco €€€
In der Nähe von San Zeno Maggiore, das Zentrum erreicht man zu Fuß in 20 Min. oder mit dem Bus. Frühstück wird im Garten serviert, es gibt auch einen Pool und Saunen.
188 westl. A3 Via Longhena 42
☎ 045 56 90 11 www.sanmarco.vr.it

Verona €€
Gut ausgestattete Zimmer und Räumlichkeiten am Rand der Altstadt: fast ein bisschen kühl, aber auch stylish-modern.
189 D2 Corso Porta Nuova 47
☎ 045 59 59 44 www.hotelverona.it

Verona Mi Piace €
Rund 2 km vom Zentrum entfernt, bietet dieses einfache Bed & Breakfast mit 3 Zimmern auch Gästen mit schmalem Geldbeutel im teuren Verona eine angenehme Unterkunft.
188 nordwestl. A5 Via Angelo Emo 10 ☎ 393 811 03 84
www.bedandbreakfast.eu/privatzimmer/verona/verona-mi-piace/2562670/

Hotel Veronesi La Torre €€€
Ein paar Kilometer außerhalb des Zentrums und vor allem zur Festspielzeit ein Tipp, da es in dem hübsch renovierten ehemaligen Kloster meist noch Zimmer gibt. Schönes Spa mit Sauna, Pool, Jacuzzi.
187 D1 Via Monte Baldo 22, 37062 (VR) Dossobuono di Villafranca ☎ 0458 60 48 11
www.hotelveronesilatorre.it

Wohin zum ... Essen und Trinken?

Preise für ein Drei-Gänge-Menü (ohne Getränke und Service):
€ unter 30 Euro
€€ 30–50 Euro
€€€ über 50 Euro

Al Capitan della Cittadella €€€
Das Fischlokal ist zwar nicht gerade günstig, aber was auf den Tisch kommt, schmeckt klasse.
189 D2 Piazza Cittadella 7
045 59 51 57 www.alcapitan.it
So und Mo Mittag geschl.

Al Cristo €€
Der restaurierte Palazzo (16. Jh.) nahe dem Ponte Nuovo liegt ein wenig außerhalb, doch der Weg lohnt sich. Probieren Sie die Spaghetti allo Scoglio mit viel frischen Meeresfrüchten ...
189 F4 Piazzetta Peschiera 6
045 59 42 87 www.ristorantealcristo.it
Mo geschl.

Antica Bottega del Vino €€

Auch die Antica Bottega nahe der Via Mazzini punktet mit ihrer angenehmen Atmosphäre. Zu den Spezialitäten zählen Tortellini, Polentagerichte und Pferdefleisch; die Weinkarte ist etwa 100 Seiten lang. Exzellente Bedienung.
189 E3 Via Scudo di Francia 3
0458 00 45 35 www.bottegavini.it
tgl. 11–1 Uhr

Arche €€
Urige Trattoria, die traditionelle Gerichte mit modernen Innovationen vereint. Lecker: gedämpftes Steinbuttfilet auf Spinatbett und Ingwersauce.
189 E4 Via Arche Scaligere 6
0458 00 74 15 www.ristorantearche.com So Abend und Mo geschl.

La Costa in Bra €
Das Costa soll die älteste Pizzeria Veronas sein – 1962 schaffte man sich den ersten Pizzaofen an. Kleine, exzellente Speisekarte. Im Sommer speist man auch im Freien.
189 D3 Piazza Bra 2 045 59 74 68
www.lacostainbra.it tgl. 9–24 Uhr

Il Desco €€€
Beste Sterne-Küche in wunderbarer Atmosphäre. Eine großartige Location mit entsprechenden Preisen (9-gängiges Tasting Menu: 150 €).
189 F3 Via Dietro San Sebastiano 7
045 59 53 58 www.ristoranteildesco.it
So und Mo geschl.

12 Apostoli €€
Giorgio Gioco kocht nicht nur sehr fein, sondern ist auch als Veroneser Mundartdichter bekannt. Das Interieur erinnert an eine Filmkulisse. Nahe an der Piazza Erbe.
189 E4 Corticella San Marco 3
045 59 69 99 www.12apostoli.com
So abend und Mo geschl.

Greppia €€
Ruhige Lage nahe Via Cappello und Piazza Erbe. Veronesische Speisen, darunter Baccalà mit Polenta.
189 E4 Vicolo Samaritana 3
0458 00 45 77 www.ristorantegreppia.it Mo geschl.

Mondodoro €€
Schöne alte Osteria nahe der Via Mazzini. Ganzjährig Tische im Freien. Regionale Gerichte und Weine.
189 E4 Via Mondo d'Oro 4
045 894 92 90 www.osteriamondodoroverona.it Mo geschl.

Wohin zum ... Einkaufen?

VIA MAZZINI

In der Via Mazzini und den Seitenstraßen lässt sich generell sehr gut einkaufen.
An der Via Mazzini selbst finden sich alle bekannten Designer, u. a. Gucci, Versace, Max Mara. Auch Geschäfte mit weniger bekannten Namen lohnen den Besuch. Junge Mode gibt es im Promod, Pimkie und Oltre. Für Schuhe schauen Sie bei Rossetti und Bruschi vorbei, wegen Taschen bei Furla. Schöne Kindersachen finden sich bei Erbavoglio. Al Duca d'Aosta bietet feine Herren- und Damenkleidung. Eine Vielzahl von Lederwaren finden Sie bei Campana – dort gibt es alles vom Portemonnaie bis zum Koffer. Schmuck bietet Damiani in seinem Laden in der Via Mazzini 59. Auch das Fiorucci und das Upim,
Veronas größte Warenhäuser, stehen an der Via Mazzini (Nr. 6 und Nr. 10)

LEDERWAREN

Außer den Geschäften an der Via Mazzini lohnt das Principe (Corso Porta Borsari 31) den Besuch, ferner Folli Follie (Schuhe und Taschen auf Nr. 42) sowie Bettanin & Venturi (Vicolo Morette 4) mit einer fast 150-jährigen Schuhfertigungstradition.

MODE

Auf dem Corso Porta Borsari gibt es auch viele elegante Modegeschäfte, etwa Carlo Bottico, Just Cavalli, Mariella Burani und Stizzoli, alle mit eleganter klassischer Damenmode, oder Dismero sowie Patrizia Pepe und iam für eine jüngere Klientel. Avantgardistischer ist das Angebot bei Lazzari (Piazza Erbe 15). Class Country in der Via San Rochetto 6 ist ein Herrenausstatter im klassischen Stil; das gilt auch für Class Uomo (Nr. 13b). Camicissima (Piazza Bra 4) bietet zudem eine große Auswahl günstiger Herrenhemden an.

GALLERIA RIVOLI

Diese Passage bei der Piazza Bra beherbergt u. a. das Antiquitätengeschäft Antiqua, Giancarlo für Schuhe und Handtaschen, La Dispensa Mamma Pia für Wein und Olivenöl und Nereo Stevanella für feinen Silberschmuck.

ANTIQUITÄTEN

Die beste Gegend für Antiquitäten ist der Corso Sant'Anastasia und seine Seitenstraßen. Einige gute Geschäfte sind auch in Domnähe. Aber Vorsicht: Der Handel mit Nachgemachtem blüht.

SCHMUCK

Neben Damiani (s. Via Mazzini) lohnt auch das auf Silber spezialisierte Geschäft G&G Amighini (Piazzetta Monte 3) den Besuch.

MÄRKTE

Auf der Piazza Erbe wird täglich ein Markt abgehalten. Weitere Märkte finden Sie auf der Piazza San Zeno (Di, Fr), Piazza Isolo (Di) und Piazza Santa Toscana (Mi, Fr). Jeden 3. Sa. im Monat gibt es Antiquitäten auf der Piazza San Zeno.

AUSSERHALB

Nördlich von Verona, im Centro Commerciale von Affi, gibt es ein Lager-Outlet, in dem eine große Auswahl italienischer Kleidung und Schuhe angeboten wird.

Wohin zum ... Ausgehen (und Rausgehen)?

KARNEVAL

Die Ursprünge des Karnevals von Verona reichen bis ins 16. Jh. zurück. Am Freitag vor dem Karnevalsdienstag (Bacanal del Gnoco) erreicht das Treiben seinen Höhepunkt: Der Papa del Gnoco, der auf einer Gabel einen riesigen Kartoffelkloß aufgespießt hat, betritt die Bühne. Aktuelle Termine: www.tourism.verona.it

FESTIVALS

Im April findet ein Internationales Filmfestival statt. Von Juni bis August werden im Teatro Romano in italienischer Sprache Shakespeare-Stücke aufgeführt. Im Dezember locken Weihnachtsmärkte auf der Piazza Bra, in der Via Romana wird die Festa di Santa Lucia gefeiert. Auf der Piazza Bra sind dann in den Arkaden der Arena Krippen aus aller Welt ausgestellt. Die berühmten Opernfestspiele in der Arena finden jährlich zwischen Mitte Juni und Anfang September statt. Die Hotels sind zu dieser Zeit meist ausgebucht, auch die Karten sollte man rechtzeitig im Voraus bestellen (die echten Fans sitzen übrigens meist auf den – weniger teuren – Rangplätzen, wo sie, mit kleinen Leselämpchen im Textbüchlein lesen und die bekanntesten Arien gern lauthals mitschmettern).

THEATER

Neben dem Teatro Romano gibt es noch etliche weitere Theater in der Stadt. Im Teatro Nuovo findet von Dezember bis April ein bekanntes Theaterfestival statt, während von Februar bis April im Teatro Filarmonico Opern aufgeführt werden.

NACHTLEBEN

Die Veroneser sind begeisterte Kneipengänger, daher gibt es viele Bars, in denen an den Wochenenden auch häufig Livemusik gespielt wird. Einige dieser Bars finden sich gleich ganz zentral an der Piazza Bra und an der Piazza Erbe.
Diskotheken und Nachtclubs findet man dagegen nicht so häufig. Angesagt sind das Dorian Gray, eine stylishe Disco in der Via Belobono 13, der Atlantis Pub an der Piazza Cittadella 7 mit regelmäßig Livemusik und das Alter Ego (Via Torricelle 9).
Außerhalb der Stadt gibt es den Berfei's Club, eine Restaurant-Disco nahe an der Straße, die zur Ausfahrt Verona Sud der A4 führt (Via Lussemburgo 1). Der Night City Club befindet sich in der Via Bresciana 1f nahe der Straße Verona–Peschiera (SS 11).

HITS FÜR KIDS

Die Arena bietet Kindern die Gelegenheit, über die Spielfläche zu laufen und sich dabei wahlweise wie Gladiatoren oder wie ein Caesar zu fühlen. Auch die alten Rüstungen im Castelvecchio gefallen vielen Kindern. Die historischen Verteidigungswälle rund um die Stadt sind heute Grünanlagen, in zweien davon bieten sich gute Gelegenheiten zum Spielen: Arsenale in der Nähe vom Castelvecchio und Raggio di Sole nahe der Porta Nuova. Zu den Attraktionen des La Spiaggia@Village bei Bussolengo im Nordwesten von Verona gehören ein riesiges Schwimmbecken mit Felsen und anderen der Natur nachempfundenen Anlagen sowie eine Rollschuhbahn. Es wendet sich zwar nicht speziell an Kinder, aber auch diese haben eine Menge Spaß. Der Parco Natura Viva, ebenfalls in Bussolengo gelegen, ist eine Kombination aus Safaripark und Zoo. Dazu gehört auch ein Dinosaurierpark mit lebensgroßen, recht eindrucksvollen Nachbildungen.

Nördliche Lombardei

Verborgene Schönheiten und ländliche Idyllen prägen die Region zwischen Verona und Mailand – ein ideales Revier für Entdeckungen.

Seite 124–151

Mehr als 500 000 Bücher und Handschriften hütet die Biblioteca Querinina in Brescia (hier mit dem spätbarocken Hauptlesesaal).

Erste Orientierung

Bis heute bilden die alten Handelsknotenpunkte Bergamo und Brescia wichtige Wirtschaftsverbände am Übergang der südlichen Alpen zur Poebene. Ihre Altstädte bezaubern mit historischen Relikten von der Antike bis zur venezianisch geprägten Blütezeit. Eine malerische Landschaft prägt die Umgebung des Lago d'Iseo, zum Welterbe der UNESCO gehören die Felsritzungen im Val Camonica.

Brescia ist nach Mailand die zweitgrößte Stadt der Lombardei (Lombardia), eine florierende Gemeinde mit interessanten römischen Ausgrabungen, sehenswerten Renaissancegebäuden und einem Museum, in dem einige der schönsten kunsthistorischen Schätze Italiens aufbewahrt werden. Allerdings muss der Besucher wie bei vielen norditalienischen Städten auch hier zuerst die von wenig ansehnlichen Gewerbegebieten und Dauerstaus geprägte Peripherie der Stadt überwinden, bis er sich den Schätzen im historischen Zentrum nähern kann.

Bergamo ist eine Stadt mit zwei ganz verschiedenen Gesichtern. In der Ebene breitet sich die Città Bassa aus, die geschäftige Unterstadt, deren Bild durch moderne Bauten und Industriebetriebe geprägt ist. Auf einem Bergrücken, rund 120 m oberhalb des Flusses Serio, liegt die Città Alta, die mittelalterlich gebliebene Oberstadt mit ihrem Labyrinth enger Gassen und zahlreichen Kunstschätzen.

Nördlich von Bergamo und Brescia durchschneiden schöne Täler die Voralpen. Nach Osten zu erstreckt sich das Val Camonica mit einem angesehenen Thermalbad und einem faszinierenden prähistorischen Bilderbuch im Parco Nazionale delle Incisioni Rupestri.

TOP 10

9 ★★ Bergamo

10 ★★ Lago d'Iseo

Nicht verpassen!

43 Brescia

Nach Lust und Laune!

44 Boario Terme

45 Breno

46 Capo di Ponte

Malonno
Saviore dell'Adamello
46 Capo di Ponte
TRENTINO
Schilpario
45 Breno
44 Boario Terme
Darfo Boario
Clusone
San Pellegrino Terme
Gandino
Lovere
Pisogne
Bovegno
Almè
L O M B A R D I A
10 Lago d'Iseo
Bergamo
9
Sarnico
Iseo
Gardone Val Trompia
10 km
5 mi
A 4
Verdello
Concesio
Palazzolo sull'Oglio
A 4
43 Brescia
A21

Mein Tag in prickelnder Begleitung

Ein Glas strohgelber Franciacorta Extra Brut perlt und schmeckt so fein wie Champagner. Nur »Prosecco« sollte man nicht dazu sagen: Für die hiesigen Winzer wäre dies eine Beleidigung. Da aus der Franciacorta inzwischen der beste italienische Schaumwein kommt, spricht man gern von der »Champagne Italiens«. Und von dessen Qualität überzeugen wir uns am besten selbst.

9 Uhr: Von der Autobahn …

Damit der Tag ideal genutzt werden kann, fahren wir ab Desenzano del Garda auf die A4 Richtung Mailand und nehmen die Ausfahrt Rovato. Idealerweise spricht man sich vorher ab, wer – als Beifahrer oder Beifahrerin – auch mal ein bisschen was trinken kann, und wer fährt: In Italien gilt die 0,5-Promille-Grenze, bei Nichteinhaltung drohen drakonische Strafen. Allerdings wird bei einer traditionellen Verkostung der Wein auch nicht getrunken, sondern »gespuckt«. Das gilt auch für die Franciacorta: Man nimmt also ein bisschen (Schaum-)Wein auf, lässt ihn wirken und »spült« ihn ein bisschen durch den Mund, trinkt aber nicht, sondern spuckt den Schluck wieder aus.

9.30 Uhr: … in die Weinberge

Die Franciacorta (www.franciacorta.com) ist nicht nur ein Weinanbaugebiet, sondern auch ein 50 km²

großes, 23 Gemeinden umfassendes, herrliches Fleckchen Erde südlich des ⑩ ★★ Lago d'Iseo mit dem Charme einer anderswo längst vergangenen Zeit. In den kleinen Alimentari auf den Dörfern riecht man noch die typische Mischung aus *salume* und Putzmittel, die Regale quellen über, die Mortadella wird im beinahe reifengroßen Format angeboten, und der Chef höchstselbst packt die gekauften Waren fein säuberlich in Papiertüten.

10 Uhr: Zur schönen Aussicht

Die (zuvor über www.bellavistawine.it gebuchte) Kellereiführung beginnt: »Drei Grad«, sagt Alberto Chioni vom Weingut Bellavista in Erbusco mit ernstem Blick. »Es sind genau drei Grad Unterschied in der

Oben links/rechts: Riechen, schmecken, genießen – Schaumweinverkostung in der Franciacorta.
Rechte Seite: Ein Abstecher an den Iseosee führt zur zauberhaften Monte Isola.

Jahresdurchschnittstemperatur vom Iseosee zum Gardasee. Drei Grad weniger Lufttemperatur und ein paar Mineralien mehr, das sei der wichtigste Unterschied zwischen einem einfachen Bardolino vom Gardasee und dem edlen Rebensaft der Franciacorta, erklärt der Önologe: »Während sich der Gardasee nach Süden hin zur Po-Ebene öffnet, schließen die Hügel der Franciacorta den Iseosee nach Süden ab, und die für Trauben zu warme Luft kommt schwieriger an die Rebstöcke.« Das Weingut mit dem klingenden Namen gehört zu den renommiertesten Kellereien des jungen Anbaugebiets – »Franciacorta« ist eine von der EU anerkannte Gebietsbezeichnung.

12 Uhr: Die Krönung

Die Zeit ist schnell vergangen: Führung, Testen, Einkaufen. Der Kofferraum ist jedenfalls schon beinahe halb voll, auch mit ein paar Flaschen rotem Bellavista: eine Wuchtbrumme von Rotwein! Aber ein bisschen Platz muss noch sein: Der Franciacorta von Ca' del Bosco, ebenfalls in Erbusco (www.cadelbosco.com), gilt als die Spitze der Region. Besser geht's nicht! Teurer allerdings auch nicht. Doch entlang der 80 km langen Franciacorta-Weinstraße liegen 2000 ha mit Weinreben bedeckte Hügel – eine Kellerei reiht sich an die nächste, und in fast jeder werden auch Verkostungen, Degustationen, angeboten: ob Rot-, Weiß- oder eben die be-

sonders guten Schaumweine. Da findet jeder sein Fläschchen....

13 Uhr: Bei den vier Rosen

Spaghetti gibt es natürlich auch in der Franciacorta. Doch in dieser Region ist bis heute die Polenta wichtiger. »Wir essen Polenta mit Milch, mit Käse, mit Salami, eigentlich mit allem ...«, sagt die Signora Rosa von der Osteria Quattro Rose im nahen Rovato. Eine der vier Rosen, also der Töchter des Hauses, weiß, was es heute gibt – herrlich!

14.30 Uhr: Ein Abstecher zum See

Zum ❿ ★★ Lago d'Iseo wollen wir natürlich auch, wenn wir schon mal hier in der Gegend sind! Da wären zwar noch ein paar weitere Kellereien abzuklappern, aber die Monte Isola hat Vorrang. Sie ist die größte südeuropäische Insel in einem See, autofrei und schön mit Zitrusbäumen bewachsen.

18 Uhr: Rückfahrt nach Desenzano

Zurück am Gardasee machen wir uns erstmal ein bisschen frisch und überlegen dann, ob wir zum Abendessen vielleicht noch in ein anderes nahes Weinanbaugebiet fahren wollen: ins Valtènesi am Westufer des Gardasees. Dort gäbe es noch eine wahre Rotwein-Wuchtbrumme zu verkosten: den Gropello. Da prickelt zwar nichts – aber prickelnd war der Tag auch so schon genug.

9 ★★ Bergamo

Was?	Die Stadt gehört zum Weltkulturerbe der UNESCO
Was tun?	Auf jeden Fall mit der Seilbahn in die Città Alta fahren
Wann?	Zwischen 7.39 und 0.12 Uhr – wenn die Standseilbahn fährt
Wie lang?	Für die ganze Stadt braucht man einen ganzen Tag
Was noch?	Stracciatella-Eis schlecken – das wurde hier erfunden

Über Bergamos recht moderner Città Bassa thront die durch Mauern und Bastionen gesicherte Città Alta wie ein Adlernest. Unten herrscht geschäftiges Treiben, oben erzählen Kirchen, Palazzi und Piazze von der alten Zeit.

Verbunden werden die beiden »Welten« praktischerweise von einer Funicolare (Standseilbahn): Diese ist 240 m lang und überwindet 82 m. Die linke Spur ist wegen einer Kurve 6 m kürzer als die rechte. Am 20. September 1887, zur offiziellen Eröffnung der Standseilbahn, drängten sich in der ersten Kabine lokale Würdenträger, die sich alle ihren Platz in der Geschichte sichern wollten. Leider brach dabei ein Rad des Wagens, und die Herrschaften mussten über die Fahrspur wieder nach unten laufen.

Rechte Seite: Barockliebhaber geraten im Inneren des Doms ins Schwärmen.

Unten: Dessen neoklassizistische Fassade entstand erst im Jahr 1886.

Città Bassa

Zentrum der Unterstadt ist die Piazza Matteotti. Ihre Parkanlagen werden von der Viale Roma durchschnitten, welche die Oberstadt mit dem Bahnhof verbindet. Auf einer Seite geht die Piazza Matteotti in die Via XX Settembre über, die Haupteinkaufsstraße der Stadt. Auf der anderen Seite steht das Teatro Donizetti für 1300 Zuschauer. Im 18. Jh. wurde es zum 100. Geburtstag des Komponisten Gaetano Donizetti (1797 bis 1848) erbaut. Auf der hinter dem Theater liegenden Piazza Cavour sieht man eine Donizetti-Statue: scheinbar gedankenverloren der Muse des Gesangs lauschend ...

Gegenüber dem Theater befindet sich der Sentierone, der »Große Weg«. Dabei handelt

es sich um einen von vielen Cafés und Geschäften gesäumten Abschnitt der Via Torquato Tasso. Wer sich für sakrale Kunst interessiert, folgt der Straße stadtauswärts, um Werke des Venezianers Lorenzo Lotto (um 1480–1556) zu sehen: Sein Altarbild der Madonna in der Kirche San Bartolomeo gehört zu seinen Meisterwerken.

An der Piazza G. Carrara 82 zeigt die Accademia Carrara in einem spätklassizistischen Bau (1796) hervorragende Werke der italienischen und ausländischen Schulen des 15.–18. Jh. Zu den Hauptwerken gehören die Porträts von Giuliano de'Medici (Botticelli) und von Lionello d'Este (Pisanello) sowie die »Heilige Familie mit der hl. Katharina von Siena« von Lorenzo Lotto. In der benachbarten Galleria d'Arte Moderna e Contemporanea (Via San Tomaso 53) widmet man sich der Gegenwartskunst.

Città Alta

Nun geht es hinauf in die nahezu autofreie Oberstadt. Folgen Sie der Viale Roma (die zur Via Vittorio Emanuele II wird) bis zur Talstation der Standseilbahn. Die Fahrt ist kurz, aber der Weg führt wie in einem Zeitsprung von der urbanen Hektik des modernen italienischen Alltags rund 500 Jahren zurück in eine Stadt der italienischen Renaissance.

Die Bergstation verlassend, überqueren Sie zunächst den kleinen Platz und gehen die schmale, gewundene Via Gombito bergauf, vorbei an dem viereckigen, kahlen Torre Gombito aus dem 12. Jh., bis zur Piazza Vecchia, einem der bezauberndsten Plätze in ganz Norditalien. Rechts liegt der Palazzo Nuovo, den der gefeierte Renaissancearchitekt Vincenzo Scamozzi (1552–1616) entwarf und der eine bedeutende Bibliothek beherbergt. Links steht der Contarini-Brunnen, den Alvese Contarini, der von Venedig eingesetzte *podestà* (Bürgermeister), der Stadt 1780 schenkte. Die Löwen, ein Symbol der Republik Venedig, tragen Ketten im Maul. Nur 16 Jahre später beschlossen Bergamos Einwohner, dass sie Venedigs Ketten nicht länger tragen wollten, und rissen die Löwen von der Fassade der Torre Civica.

Eine Standseilbahn verbindet in Bergamo die Ober- mit der Unterstadt.

Im Uhrzeigersinn von ganz oben: Blick vom (auch »Campanone« genannten) Stadtturm (Torre Civica) über die Dächer der Stadt, die Piazza Vecchia mit dem Palazzo della Ragione und die Via Bartolomeo Colleoni, eine der typischen engen Altstadtgassen.

Der auch Palazzo Vecchio genannte Palazzo della Ragione dominiert die gegenüberliegende Seite des Platzes. Er wurde im 16. Jh. wiederaufgebaut, nachdem ein Feuer den Vorläuferbau zerstört hatte. Die Statue neben dem zentralen Portikus stellt den Dichter Torquato Tasso (1544–1595) dar, dem Goethe ein Schauspiel widmete und dessen Vater aus Bergamo stammte. Neben dem Palazzo erhebt sich die Torre Civica, der älteste Turm der Stadt. Der Bau wurde im 11. Jh. begonnen, aber erst 400 Jahre später vollendet. Durchschreitet man die Arkadenhalle des Palazzo della Ragione, so steht man auf dem Domplatz, dem ältesten Teil von Bergamo. Linker Hand erhebt sich der Dom Sant'Alessandro mit seiner neoklassizistischen Fassade, der schönen Kuppel und dem barock gestalteten Innenraum: Sehenswert im Inneren sind das »Martyrium des Bischofs San Giovanni« von Tiepolo und der Bronzeengel von Antonio Fontana.

Bergamos bedeutendste Kirche aber ist die Santa Maria Maggiore gleich neben dem Dom. Sie entstand im 12. Jh., als die Stadt von Dürre, Seuchen und Krieg heimgesucht wurde und dringend auch spirituellen Beistand benötigte. Von außen ist sie schlicht, doch innen kostbar ausgeschmückt. An die nördliche Vorhalle grenzt die Cappella Colleoni mit ihrer überreich geschmückten Renaissancefassade aus schwarzweiß-rotem Marmor. 1472 beauftragte Bartolomeo Colleoni, der im Dienst von Mailand, Neapel und Venedig kämpfende Söldner, Giovanni Antonio Amadeo mit dem Bau einer Familiengrabkapelle. Auch die Grabmäler der Colleoni im Innern gestaltete Amadeo. Beachtenswert sind zudem die Fresken von Tiepolo in der Kuppel (1789) und die »Heilige Familie« von der Schweizer Malerin Angelika Kaufmann (1789).

Von der Piazza del Duomo aus können Sie die Straßen wunderbar durchstreifen. Musikliebhaber zieht es vielleicht zu Donizettis Geburtshaus in der Via Borgo Canale 14 oder in das ihm gewidmete Museum in der Via Arena 9, in dem persönliche Gegenstände zu sehen sind. Naturfreunde werden das Naturkundemuseum Museo di Scienze Naturali »Enrico Caffi« aufsuchen. Es ist wie das Archäologische Museum, Museo Civico Archeologico, in der Zitadelle der Visconti aus dem 14. Jh. untergebracht.

Die Siedlung Crespi d'Adda wird durch eine Straße gegliedert, auf deren einer Seite die Fabrik steht; auf der anderen befinden sich die Wohnblocks mit den Ein- und Mehrfamilienhäusern der Arbeiter.

Modellsiedlung in der Provinz Bergamo

Ein Ausflug nach Crespi d'Adda, einem Ortsteil von Capriate San Gervasio in der Provinz Bergamo, zeigt ein frühes Beispiel sozialen Engagements eines aufgeklärten Unternehmers. Errichtet vom Textilfabrikanten Cristoforo Crespi und seinem Sohn Silvio ab 1878, fanden dort noch bis in die 1920er-Jahre mehr als 3000 Arbeiter ihr Auskommen. Zur (ebenfalls auf der Liste des schützenswerten Welterbes der UNESCO stehenden) Modellsiedlung gehörten eine Schule, eine Krankenstation, ein Waschhaus und eine Kirche. Der heute nach wie vor bewohnte Ort blieb noch weitgehend in seiner ursprünglichen Form erhalten.

KLEINE PAUSE

In Bergamo wurde das berühmte Stracciatella-Eis kreiert: In der **Gelateria Marianna**, Via Colle Aperto 4 in der Oberstadt, nahe der Seilbahn, gibt's das Original.

---

184 A3

i

Torre Civica
Piazza Vecchia 035 247116
April–Okt. Di–Fr 9.30–18 u. Sa–So 9.30–20, Nov.–März Di–Fr 9.30–13 u. 14.30–18, Sa–So 9.30–18 Uhr 5 €

Cappella Colleoni
Piazza Duomo 035 21 00 61
März–Okt. Di–So 9–12.30 u. 14 bis 18.30, Nov.–Feb. Di–So 9–12.30, 14 bis 16.30 Uhr frei

Donizettis Geburtshaus
Via Borgo Canale 14 035 529 67 11 www.donizetti.org Sa–So 10–13 und 15–18 Uhr frei

Museo Donizettiano
Via Arena 9 035 2471 16
www.bergamoestoria.it Juni bis Sept. Di–So 9.30–13 u. 14.30–18; Okt.–Mai 9.30–13, Sa und So 9.30–13 u. 14.30–18 Uhr 3 €

Museo di Scienze Naturali »Enrico Caffi«
Piazza Cittadella 10 035 28 60 11 www.museoscienze bergamo.it April–Sept. Di–Fr 9 bis 12.30 u. 14.30–18, Sa und So 10–13 u. 14.30–18.30, Okt.–März 9–12.30 u. 14.30–17.30, Sa–So 10–12.30 u. 14.30 bis 17.30 Uhr 3€

Museo Civico Archeologico
Piazza Cittadella 10 035 28 60 70 www.museoarcheologico bergamo.it April–Sept. Di–Fr 9–12.30 u. 14.30–18, Sa und So 10–13 u. 14.30–18.30; Okt.–März Di–Fr 9 bis 12.30 u. 14.30–17.30, Sa–So 10–12.30 u. 14.30–17.30 Uhr 3 €

Accademia Carrara
Piazza Carrara 82
035 23 43 96 www.lacarrara.it
Mi–Mo 9.30 bis 17.30, Fr bis 24 Uhr
10 €

Galleria d'Arte Moderna e Contemporanea
Via San Tomaso 53
035 27 02 72 www.gamec.it
Di 9–22, Mi–So 9–19 Uhr
12 €

⑩ ★★ Lago d'Iseo

Was?	Einer der schönsten norditalienischen Seen
Was tun?	Sehen und erleben
Wann?	Zur Weinlese in der Franciacorta
Was tun?	Unbedingt die Monte Isola besuchen
Wie lange?	Ohne Hektik etwa zwei Tage

Der 20,4 km lange, nur bis zu 4,1 km breite Iseosee wird von den hohen Bergriegeln der Bergamesker Alpen umschlossen. Charakteristisch sind seine steil abfallenden Ufer, die nur an wenigen Stellen Bademöglichkeiten bieten, aber für ein sehr reizvolles Landschaftsbild sorgen.

Rechte Seite: Blaue Stunde am Ostufer des Sees mit Blick nach Peschiera Maraglio auf der Insel Monte Isola.

Bei einer Fahrt rund um den landschaftlich sehr abwechslungsreichen Lago d' Iseo, auch »Sebino« genannt, sollte man sich genügend Zeit nehmen für eine ausgiebige Besichtigung der kleinen Orte sowie für eine Stippvisite der idyllischen Monte Isola. Entlang des steilen Westufers mit seinen schroffen Felsvorsprüngen hat man atemberaubende Ausblicke. Das Ostufer bietet Fischerhäfen, romanische Kirchen und von Oleander und Palmen gesäumte Promenaden. Der Hauptort Iseo am Südufer besticht durch sein wunderschönes mittelalterliches Zentrum mit lauschigen Plätzen und verschachtelten Gässchen, die sich den Hang hinaufziehen, sowie mit guten Einkaufsmöglichkeiten. Oberhalb des Altstadtkerns thront das Castello Oldofredi (11. Jh.), in dem ein Kulturzentrum untergebracht ist. Von hier aus blickt man auf die Dächer der Häuser und Palazzi und auf die vielen sehenswerten Kirchen (11. – 17. Jh.). Vom Hafen legen Fähren zu allen größeren Orten am See ab.

Südwestlich von Iseo erstreckt sich bis Clusane das Naturschutzgebiet Torbiere del Sebino, ein Torfmoor mit seltenen Pflanzen, Vögeln und Fischen. Etwas oberhalb von Torbiere steht das im 11. Jh. von Kluniazensern gegründete Kloster San Pietro in Lamosa mit Fresken aus dem 16. Jh. Clusane direkt am Seeufer ist ein ruhiges Fischerdorf, das ein großes Kastell (14. Jh.) mit einer schönen Renaissance-Loggia besitzt. Der Ort ist für seine guten Fischrestaurants

bekannt. Neben Iseo ist Sarnico westlich von Clusane der größte Fremdenverkehrsort am See mit guten Wassersportmöglichkeiten. Auch hier kann man gut Fisch essen. Besonders reizvoll sind die Jugendstilvillen in der Altstadt und der Umgebung.

Bootsanleger in Lovere am nordwestlichen Ufer: Die meisten Orte am See sind gut mit dem Schiff zu erreichen.

Im äußersten Nordwesten des Sees zieht sich das lebhafte Lovere vom Ufer den Hang hinauf. Es gibt eine lange Uferpromenade, von der aus man einen schönen Blick über den See bis zu den schneebedeckten Bergen im Hintergrund hat, und einen mittelalterlichen Ortskern mit hübschen Gassen und alten Türmen. In der Galleria dell' Accademia Tadini sind Gemälde vom 14. Jh. bis heute, Skulpturen, flämische Wandteppiche, Porzellan und archäologische Funde zu sehen. Wenige Kilometer östlich von Lovere lohnt ein Halt in Pisogne, um die Kirche Santa Maria della Neve (15. Jh.) zu besichtigen, die einen beeindruckenden Freskenzyklus von Girolamo Romanino aus dem 16. Jh. besitzt.

Monte Isola

Einen unvergesslichen Ausflug ermöglicht die fast autofreie Fischerinsel Monte Isola (s. »Magischer Moment«, rechte Seite), die bis zu 450 m über dem Wasserspiegel aufragt und einen Umfang von gut 9 km hat. Monte Isola ist die größte Insel in einem südeuropäischen Binnensee. Hier leben etwa 1700 Menschen in beschaulichen Dörfern. Idyllisch ist der Hauptort Peschiera Maraglio mitten im Grün von Oliven-, Kirsch- und Kastanienbäumen.

---

185 D3

Galleria dell'Accademia Tadini
Palazzo dell'Accademia,
Via Tadini 40 (Lungolago), Lovere
☎ 035 96 27 80

www.accademiatadini.it
Mai–Sept. Di–Sa 15–19, So 10 bis 12 u. 15–19; Okt. u. April Sa 15–19, So 10–12 u. 15–19 Uhr 7 €

Im Puppenkistenparadies

»Eine Insel mit zwei Bergen und im tiefen, weiten Meer«: Unweigerlich kommt einem die Augsburger Puppenkiste in den Sinn, wenn man sich der Monte Isola nähert, auch wenn der See kein Meer ist und ein Inselbus den »Eisenbahnverkehr« ersetzt. Die Monte Isola hat paradiesische Züge, was die Vegetation angeht, und erinnert vom Flair her an Michael Endes Klassiker »Jim Knopf und Lukas der Lokomotivführer«. In der Realität führen verschlungene Pfade von einem der elf Dörfchen zum nächsten. Auf der Spitze der Berginsel steht die Wallfahrtskirche Madonna della Ceriola. Spätestens der Blick von hier oben garantiert ihn nun wirklich: den magischen Moment.

㊸ Brescia

Warum?	Auch hier – nur eine knappe Stunde vom Lago entfernt – gibt es ein Weltkulturerbe der UNESCO zu bestaunen
Wann?	Am Wochenende ist es ruhiger
Was tun?	Stadtbummel mit Shopping
Wie lang?	Ein Ausflugstag sollte reichen
Was noch?	Auf dem Weg vielleicht noch einen kurzen Abstecher nach Lonato machen

Mit rund 190 000 Einwohnern ist Brescia nach Mailand die zweitgrößte Stadt der Lombardei. Im historischen Kern sind zahlreiche Kulturdenkmäler erhalten, die nahezu lückenlos rund 2000 Jahre Geschichte dokumentieren.

Schon zur Römerzeit war Brescia als »Colonia Civica Augusta« ein wichtiges Zentrum. Das römische Capitolium ist allerdings weitgehend unter den Bebauungen späterer Jahrhunderte verborgen. Ausgegraben und teilrekonstruiert wurden der Kapitolinische Tempel (1. Jh.) mit einigen erhaltenen Mosaiken und korinthischem Portikus sowie das daran angrenzende Theater. Einen faszinierenden Querschnitt der Siedlungsgeschichte bis vor 3000 Jahren erleben Besucher der Ausgrabungen unter dem Palazzo Martinengo gegenüber.

Der im 1. Jh. erbaute Tempio Capitolino erhebt sich an der nördlichen Schmalseite des antiken Forums.

Langobarden in der Lombardei

Während der Völkerwanderung drang mit den Langobarden ein nordgermanischer Stamm in Italien ein, nach dem bis heute die Lombardei benannt ist. Der Legende zufolge wurden sie nach jenen »Langbärten« benannt, die sich ihre Frauen umbanden, um in einer Schlacht wie Männer auszusehen. Wahrscheinlicher ist jedoch die Version, dass sich ihr Name von einer langstieligen Axt, ähnlich der Hellebarde, ableitet. Von der UNESCO wurden jene »Orte der Macht«, an denen die Langobarden bedeutende Bauten hinterließen, zum Weltkulturerbe ernannt.

So gründete in Brescia der letzte Langobardenkönig Desiderius im Jahr 753 auf den Fundamenten einer römischen Villa das benediktinische Nonnenkloster San-Salvatore-Santa-Giulia. Mit einbezogen in den heutigen Komplex sind die mittelalterliche Kirche San Salvatore, das romanische Gotteshaus Santa Maria in Solario, Santa Giulia aus dem 16. Jh. und der ebenfalls aus dieser Zeit stammende Kreuzgang. In diesem beeindruckenden Ensemble werden die faszinierenden Exponate aus der Geschichte Brescias modern und stimmig präsentiert.

Kreuzgang der Kirche Santa Giulia im zum Welterbe der UNESCO gehörenden Klosterkomplex.

Im Zeichen kirchlicher und weltlicher Macht

Ab dem 15. Jh. brachte Venedigs Herrschaft Brescia wirtschaftlichen Aufschwung. Davon zeugen die repräsentativen Bauten an der Piazza della Loggia – allen voran die ab 1492 errichtete Loggia selbst, deren Dach allerdings bei einem

Mit ihren Arkadengängen ist die Piazza della Loggia (ganz oben) deutlich an venezianischen Vorbildern orientiert. An der Ostseite der heute nach Paul VI. (Papst 1963–1978) benannten Piazza steht der neue Dom mit seiner hohen Kuppel (oben). Das eigentliche Schmuckstück des Platzes aber ist der auch »Rotonda« genannte alte Dom (links).

Brand zerstört und 1914 in etwas wuchtig geratener Form neu aufgesetzt wurde. Beteiligt daran war neben dem venezianischen Architekten Jacopo Sansovino auch Andrea Palladio. Die Südseite der Piazza begrenzen die Bauten des Monte di Pietà, des ehemaligen Pfandhauses (15. Jh.), und dessen moderneres Pendant Monte Nuovo. Den zweibogigen Renaissancebau dazwischen krönt eine Reihe zierlicher Fenster. Der Loggia gegenüber erhebt sich über drei Bögen der im 16. Jh. errichtete Uhrturm Torre dell'Orologio, den zwei eine Glocke schlagende Figuren krönen. Samstags findet auf der Piazza della Loggia der Wochenmarkt statt. Nach Cidno, dem mythischen Gott der Ligurer, ist der Cidneo-Hügel benannt, auf dem die Visconti ebenfalls im 15. Jh. eine Festung errichteten, die heutzutage ein Waffenmuseum sowie das Museo del Risorgimento, das »Freiheitskampf-Museum«, beherbergt. Der monumentalen Piazza della Vittoria musste in den 1920er- und 30er-Jahren das mittelalterliche Marktviertel weichen. Architekt war Marcello Piacentini, ein Vorläufer des *razionalismo*. Mussolini weihte die Piazza 1932 ein.

Kirchliche und weltliche Macht werden an der rechteckigen Piazza Paolo VI. vereint: Das Rathaus Broletto zeigt architektonische Elemente vom 12. bis zum 18. Jh. Der Duomo Nuovo daneben präsentiert sich mit reich gegliederter, barocker bis klassizistischer Fassade und einer der höchsten Kuppeln Italiens.

#Im Vergleich dazu wirkt der Duomo Vecchio mit seiner Ziegelsteinfassade völlig unscheinbar: Das im 12. Jh. errichtete Gotteshaus besteht aus zwei ineinander gesetzten Zylindern. Im Inneren steigt man über Treppen auf das Niveau des Vorgängerbaus, einer frühchristlichen Basilika, hinunter, von der unter Glas noch Mosaikfragmente erhalten sind. Ein kostbarer Kirchenschatz, der Tesoro delle Sante Croci mit zwei Reliquienkreuzen (14./15. Jh.), wird in einer Seitenkapelle aufbewahrt.

KLEINE PAUSE

Das **Coffea di Nevola Ivan** am Corso Zanardelli 26 serviert guten Kaffee und heiße Schokolade. Mehr zu essen bekommen hungrigere Gäste im Ristorante **Raffa** am nahe gelegenen Corso Magenta 15.

---

185 D/E 1/2

Capitolium
Via Musei 57 ☎ 030 207 22 56
www.capitoliumart.it Juni–Sept. Di–So 10.30–19, Okt.–Mai 9.30–17.30 Uhr 8 €

Museo di Santa Giulia
Via Musei 81 b ☎ 030 240 06 40
www.bresciamusei.com
Juni bis Sept. Di–So 10.30–19, Do bis 22, Okt.–Mai Di–So 9–18, Do bis 22 Uhr 10 €

Museo del Risorgimento
Via Castello 9 ☎ C030 297 78
www.bresciamusei.com
Juni bis Sept. Di–So 11–17, Okt.–Mai tgl. 10–16 Uhr
4 €

Nach Lust und Laune!

44 Boario Terme

Boario ist wegen seiner schwefel- und kalkhaltigen Quellen ein bekannter Kurort. Ihre Berühmtheit verdanken die Quellen dem Heilpraktiker Paracelsus (1493–1541), der sie besuchte und schätzte. Die hübsche Therme liegt inmitten von Gärten und Parkanlagen vor der Kulisse hoher Gipfel. Im Parco delle Luine unweit von Boario stößt man auf die ersten der Felsgravuren, für die das Val Camonica so berühmt ist. Ein alternatives Ziel ist der Lago Moro. Den tiefblauen See erreicht man über eine landschaftlich schöne Straße, die durch den kleinen Kurort Angolo Terme ins Val di Scalve führt.

185 D4
Parco delle Luine
☎ 3487 37 44 67 Di–So 9–12, 14–17 Uhr frei

45 Breno

Von Boario Terme zieht sich die Straße durch das Val Camonica in Richtung Breno. Ein kurzer Umweg führt nach Esine; die dortige Kirche Santa Maria Assunta aus dem 14. Jh. ist wegen ihres Campanile und der Fresken aus dem 15. Jh. ein Nationaldenkmal. Auf dem Felsen oberhalb von Breno thront ein Kastell aus dem 14. Jh.

185 E5
Castello di Brenone
☎ 036 42 29 70 tgl. 10–22 Uhr 2 €

Landschaftsidyll: das Val Camonica (hier mit Blick auf das Breno-Kastell).

Zeichen der Zeit: prähistorische Felsbilder im Parco Nazionale delle Incisioni Rupestri.

46 Capo di Ponte

Das alpine Volk der Camunen, das als Urheber der von der UNESCO zum Erbe der Welt erklärten Gravuren im Val Camonica gilt, besiedelte das Tal seit der mittleren Steinzeit und hinterließ an den Felsen eine Vielzahl von Symbolen. Heute gibt es im Tal die weltweit größte Fundregion prähistorischer Petroglyphen. Die ältesten der über 200 000 Einzelgravuren werden auf die Zeit um 6000 v. Chr. datiert. Die Motive sind vielgestaltig: In großer Zahl kommt Jagdwild vor, bevorzugt Hirsche. Ebenso häufig sind Abbildungen bewaffneter Reiter. Viele Darstellungen sind für uns heute kaum zu interpretieren. In Capo di Ponte widmen sich ein Museum und ein Forschungszentrum den Felsgravuren. Zu ihrem Schutz wurde der Parco Nazionale delle Incisioni Rupestri eingerichtet. Auf fünf bequemen Routen werden die Besucher zu den schönsten Felsen geführt, an denen Hinweistafeln das Gesehene erläutern. Für die komplette Besichtigung sind etwa vier Stunden vorgesehen. Im nahegelegenen Museo Didattico d'Arte e Vita Preistorica wurde ein Camunendorf rekonstruiert.

185 F5

Centro Camuno di Studi Preistorici
✉ Via Marconi 7, Capo di Ponte
☎ 036 4420 91 ◷ Mo–Fr 10.30 bis 20.30 Uhr 🎟 frei

Parco Nazionale delle Incisioni Rupestri
✉ Autos können bei der Chiesa Delle Sante im Ort abgestellt werden, von da ist der Weg in den Park ausgeschildert ☎ 036 442140
◷ Di–So 8.30–19 Uhr 🎟 6 €

Museo Didattico d'Arte e Vita Preistorica
✉ Via Pieve San Siro 4, Capo di Ponte ☎ 036 442148 ◷ Di–Fr 9–16, Sa–So 10–17 Uhr 🎟 frei

Wohin zum … Übernachten?

Preise
für ein Doppelzimmer pro Nacht:
€ unter 80 Euro
€€ 80–150 Euro
€€€ über 150 Euro

Gut gebettet: im L'Albereta in Erbusco

BERGAMO

Cappello d'Oro €€€
Ein Vier-Sterne-Best-Western-Hotel im Herzen der Unterstadt. Die Zimmer sind relativ klein, aber hübsch eingerichtet. Sauna, Parkplatz (kostenpflichtig), Restaurant; wer auf der Hotel-Website bucht, bekommt sein Frühstück für einen Euro.
184 A3 Viale Papa Giovanni XXIII 12
035 422 27 11 www.bwhotelcappellodoro-bg.it

Excelsior San Marco €€€
Auf halber Strecke zwischen der Standseilbahn zur Oberstadt und Unterstadt. Geräumige Zimmer, einige mit Blick auf die Oberstadt. Sehr gutes Restaurant.
184 A3 Piazza della Repubblica 6
035 36 61 11 www.hotelsanmarco.com

BOARIO TERME

Rizzi Aquacharme €€
Eines der besten Hotels mit kleinem Spa und Pool im Kurort. Geräumige, gepflegte Zimmer, schöner Garten, Restaurant.
185 D4 Via Carducci 11 0364 53 16 17 www.rizziaquacharme.it

BRENO

Giardino €
Das gut eingerichtete mittelgroße Hotel liegt ideal für Ausflüge ins Val Camonica. Minibarpreise 1-1,50 Euro pro Getränk
185 E5 Via 28 Aprile 7 0364 32 11 84 www.hotelgiardinobreno.com

BRESCIA

Albergo Orologio €€
Dieses charmante Drei-Sterne-Boutiquehotel liegt gleich hinter der Piazza Loggia. Fragen Sie nach einem Zimmer mit Aussicht. Die antiken Möbel wurden sorgfältig in die moderne Ausstattung integriert, das Personal ist freundlich und hilfsbereit.
185 D/E 1/2 Via Beccaria 17 0303 75 54 11 www.albergoorologio.it

ERBUSCO

L'Albereta €€€
Wunderschönes Fünf-Sterne-Hotel inmitten von Weinreben der Franciacorta. In der Cabriolet-Suite öffnet sich per Knopfdruck das Dach des Zimmers für den Blick zum Himmel …
184 C4 Via Vittorio Emanuele 23
030 776 05 50 www.albereta.it

Wohin zum … Essen und Trinken?

Preise
für ein Drei-Gänge-Menü (ohne Getränke und Service):
€ unter 30 Euro
€€ 30–50 Euro
€€€ über 50 Euro

BERGAMO

Borgo San Lorenzo €
Lebhafte, farbenfrohe Osteria, in der viele Einheimische gute Hausmannskost genießen. Die Pizza wird im Holzofen gebacken.
184 A3 Via San Lazzaro 8
035 24 24 52 So geschl.

La Bruschetta €€
Schönes Gebäude mit steinernen Gewölbedecken. Fisch- und Fleischgerichte, aber auch gute Pizzen.
184 A3 ✉ Via G. d'Alzano 1 ☎ 035 24 89 93 Mo nur abends geöffnet

Colleoni & Dell'Angelo €€€
Lokal in einem mittelalterlichen Palast mit Gewölben und Fresken. Empfehlenswert ist das 5-Gänge-Menü für 55 Euro.
184 A3 ✉ Piazza Vecchia 7 ☎ 035 23 25 96 Mo und zwei Wochen im Aug. geschl.

Da Ornella €€
Nettes kleines Lokal in der Altstadt, spezialisiert auf Polenta, die mit Fleisch in gusseisernen Töpfen serviert wird. Probieren Sie *Polenta taragna* (gekocht mit Butter und Käse) und Kaninchen.
184 A3 ✉ Via Gombito 15 ☎ 035 23 27 36 Di geschl.

BOARIO TERME

Airone €
Pizzocheri – eine lombardische Teigwarenspezialität aus Buchweizen- und Weizenmehl –, Polenta, Eintopf mit Ochsenbein, Steinpilzen und Sahne sind die Höhepunkte der attraktiven Speisekarte in diesem charmanten Restaurant.
185 D4 ✉ Via Nazionale 15 ☎ 0364 53 12 76 Sa–So mittag geschl.

BRESCIA

Al Teatro €
Ausgezeichnete Pizzeria nahe dem Stadtzentrum. Die Diavola macht der Pizzaiolo wirklich scharf ...
185 D/E 1/2 ✉ Via Mazzini 36 ☎ 0304 42 51

Castello Malvezzi €
Eleganter Bau mit Schlossambiente. Gehobene traditionelle Gerichte – teuer, aber köstlich!
185 D/E 1/2 ✉ Via Colle San Giuseppe 1 ☎ 0302 00 42 24

La Sosta €€
Fantastisches Restaurant in den Ställen des Palazzo Martinengo. Brescianer Spezialitäten, beispielsweise Ziege.
185 D/E 1/2 ✉ Via San Martino della Battaglia 20 ☎ 030 29 56 03 Mo und So geschl.

ROVATO

Osteria Quattro Rose €€
Man sitzt unter Gewölben und vor Weinregalen, denn die vier Damen des Hauses (quattro rose ...) verstehen sich als Kellerei mit Küche. Schließlich liegt die Osteria mitten in der Franciacorta: 400 Positionen umfasst die Weinkarte!
184 C4 Via Castello 27b
✉ 030 72 30 27 ☎ 030 29 56 03
Mo und So geschl.

Wohin zum ... Einkaufen?

In Brescia wie in Bergamo gibt es ausgedehnte Einkaufsbezirke, sowohl in als auch außerhalb der Innenstädte. Auch viele international bekannte Firmen haben hier Niederlassungen.

BERGAMO CITTÀ BASSA

In der Umgebung der Via XX Settembre gibt es viele Filialgeschäfte für Damenmode, etwa La Perla (Sentierone 40) mit hochwertiger Badekleidung und Unterwäsche. Schuhe finden Sie bei Pompeo, Via XX Settembre 29; Bruschi, Nr. 39; Fratelli Rossetti, Nr. 52 und Dev, Nr. 85 bis 87. Handtaschen und andere Lederwaren: Diana, Via Dieci Giornate 27. Die Gegend rund um die Accademia Carrara ist bei Künstlern beliebt. Es gibt etliche Ateliers, hervorzuheben ist das von Sergio Garau, Via San Tomaso 88a, der auf ungewöhnlichen Materialien malt. In der Nähe befindet sich ein gutes Antiquitätengeschäft – GLA Antichità, Via Sant'Orsola 17. Das größte Kaufhaus im Zentrum der Città Bassa ist Coin (Via Zambonate 11).

BERGAMO CITTÀ ALTA

Die Oberstadt ist sehr viel kleiner – Restaurants, Bars usw. überwiegen hier. Doch es gibt einige Ausnahmen, darunter Babilonia, Via Gombito 12d, das schicke Damenmode verkauft. Gegenüber dem Restaurant Colleoni an der Piazza Vecchia liegt der Laden von Daniela Gregis, die Einzelstücke entwirft und herstellt. Sie wurde bereits in der Vogue porträtiert. Für Männermode ist Franco Loda, Via Gombito 17, ein guter Tipp; Cesare Albert, Via Bartolomeo Colleoni 5b, bietet sehr gute Kinderbekleidung an. Brivio, Via B. Colleoni 19a, hat ausgezeichneten Schmuck, besonders aus Silber. Ausgefallene Kerzen sind ein hübsches Mitbringsel, Sie finden sie bei RR Candele, Via B. Colleoni 15. Cooperativa Libraria Il Quartiere (Via Gombito 24a) ist ein gut bestückter Schreibwarenhandel, der auch eine große Auswahl ausgefallener Spielwaren anbietet.

BRESCIA

Für Schmuck sollten Sie bei den folgenden Adressen vorbeischauen: Giarin, Via San Martino della Battaglia; Ghidini, Corso Magenta 8b (ungewöhnliches Design); Emozioni d'Oro, Via Valcamonica 17. Schuhe finden Sie bei Fratelli Rossetti, Corso Zanardelli 1, und bei Romano, Corso Palestro 13. Zahlreiche Designertextilien gibt es in der Casa Sovrana in Portici X Giornate. Antiquitäten offeriert man Ihnen gern bei Cronos, Galleria al Duomo, Via X Giornate; Ceralacca, Via Fratelli Porcellana 42; Antic Oro, Vicolo della Speranza 3d (alter und neuer Schmuck), und Rino Fossati, Via Beccaria 3a. Das größte Kaufhaus in der Innenstadt ist Coin an der Ecke Corso Magenta/ Via San Martino della Battaglia. Außerhalb der Stadt in Richtung Bergamo an der A4-Ausfahrt Ospitaletto befindet sich das riesige Franciacorta Outlet Village: Rund 160 Geschäfte international renommierter Markenartikler von Adidas bis Timberland bieten günstige Preise und eine große Auswahl. Wer zwischendurch gern mal eine Pause machen und einkehren möchte: In einem Dutzend Bars und Restaurants kann man seinen Hunger und Durst stillen. Tgl. 10 bis 20 Uhr geöffnet (www.franciacortaoutlet.it).

Wohin zum Ausgehen (und Rausgehen)?

WANDERN

Bergamo und Brescia eignen sich gut als Ausgangspunkte für die Erkundung der angrenzenden Alpentäler. Nördlich von Bergamo liegen die Täler Val Brembana und Val Seriana mit der Cascata del Serio. Nördlich von Brescia findet man landschaftlich reizvolle Wandergebiete im für seine Felsbilder berühmten Val Camonica, Val Sabbia und Val Trompia, zudem in Franciacorta nordwestlich der Stadt.

GOLF

Um Bergamo und Brescia gibt es mehrere Golfplätze. Eine Besonderheit ist »The Wine Golf Course« des Francaciorta Golf Club (www.franciacortagolfclub.com), dessen drei 9-Loch-Plätze die klingenden Namen »Brut«, »Saten« und »Rosé« tragen.

(H)ort der Musen: Donizetti-Theater, Bergamo.

Wenige Rennen sind so legendär wie die Mille Miglia, die 1927 bis 1957 und dann wieder ab 1977 – nun als Oldtimerrennen – die Gemüter von Sportwagenenthusiasten bewegte und bewegt.

WEITERE SPORTARTEN

In den Sportzentren beider Städte findet man Gelegenheit zum Tennis- und Squashspielen. Von Brescia sind auch die entsprechend ausgestatteten Hafenorte am westlichen Gardasee schnell erreicht.

THEATER UND KINO

In Brescia und Bergamo gibt es Kinos, und ein Multiplexkino finden Sie in Manerbio – direkt an der A21 südlich von Brescia.
Das Donizetti-Theater in Bergamo hat jedes Jahr vier Spielzeiten. Die Opernsaison dauert von September bis Dezember, die Theatersaison von November bis April, die Tanz-/Ballettsaison von Januar bis April. Im Februar gibt es zudem ein Jazz-Festival.
Die Opernsaison des Teatro Grande in Brescia dauert von September bis November, Theaterspielzeit ist von November bis April, eine Konzertsaison zwischen Oktober und März ergänzt das Angebot.
Brescia besitzt auch zwei ältere Theater, das Teatro di Santa Chiara und das Teatro Sancarlino.

NACHTLEBEN

In Bergamo gibt es Diskos in der nahen Umgebung: das Capogiro (Strada Statale Briantea) und das Setai mit House, Underground und Tanzmusik (Località Portico).
In Brescia haben sich ein Dutzend Diskos und Nachtclubs etabliert. Besonders frequentiert sind das Pepe (Via Orzinuovi 129) und das Planet Agency (Via Vergnano 65).

FESTIVALS

Brescia ist im September Gastgeber der Festa dell' Opera. Zwischen Mitte September und Mitte Oktober findet eine Reihe von Orgelkonzerten in den Kirchen von Brescia statt. Früher war die Stadt für das Autorennen Mille Miglia (runde 1000 Meilen = 1600 km) bekannt, das in Brescia startete; 1957 wurde es nach einer Reihe von Unfällen mit tödlich verletzten Zuschauern eingestellt. Seit dem Jahr 1977 findet jährlich im Mai ein dreitägiges Oldtimerrennen statt, bei dem die Teilnehmer von Brescia nach Ferrara fahren, dann weiter nach Rom und zurück nach Brescia.

MÄRKTE

Ein Antiquitätenmarkt findet an jedem dritten Sonntag im Monat auf der Piazza Cittadella in Bergamos Città Alta statt.
An Bergamos Sentierone gibt es im April und Mai eine interessante Buchmesse (Fiera del libro).

Erst mit dem Bau der Gardesana Occidentale entwickelten sich die Orte am Westufer des Sees zu Touristenmagneten.

Spaziergänge & Touren

Ob zu Fuß oder mit dem Auto: Am und um den Gardasee ist man immer gut unterwegs.

Seite 152–171

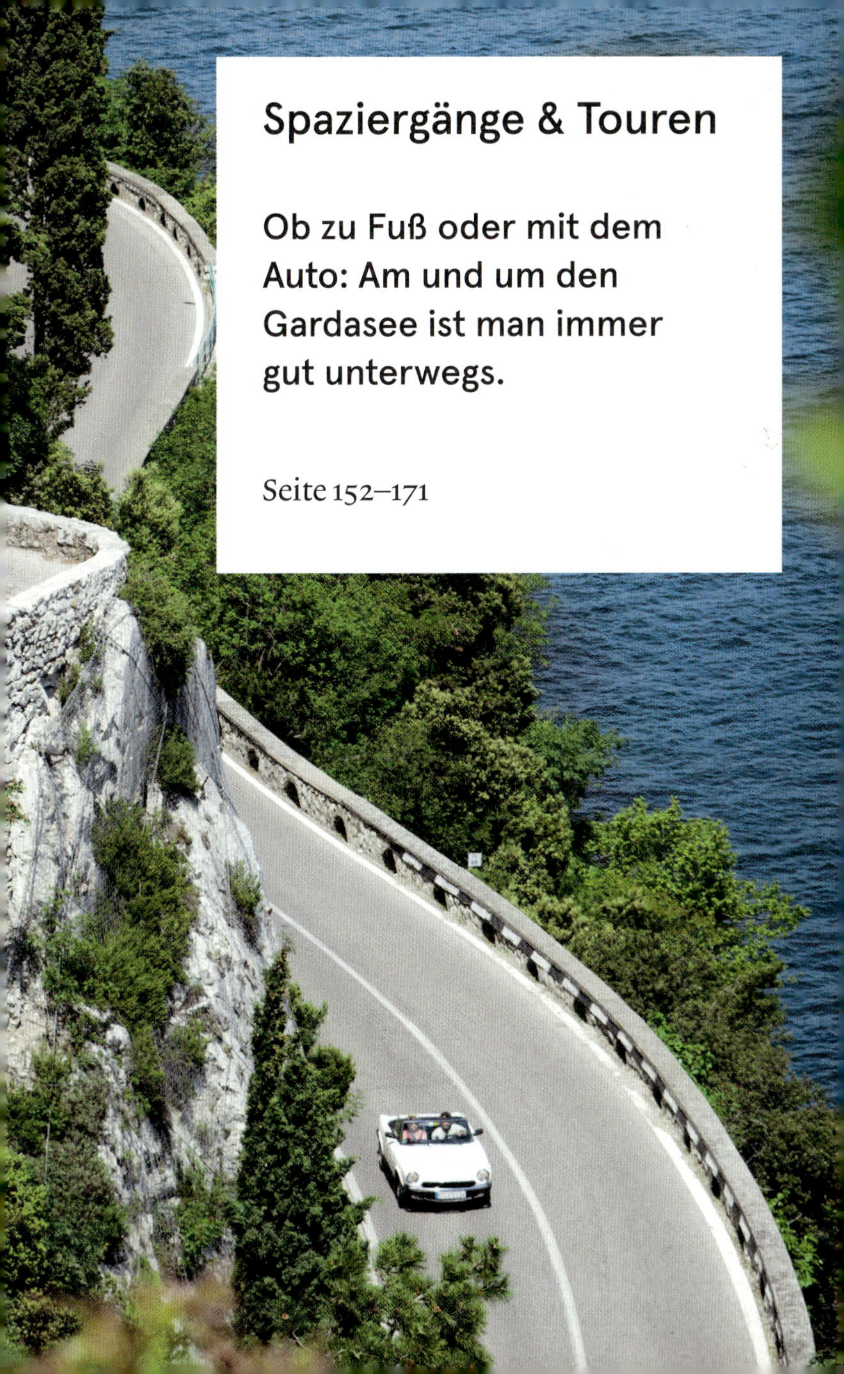

Monte Baldo

Was?	Wandern in herrlicher Gebirgslandschaft
Länge	8 km
Dauer	2,5–3 Stunden
Start/Ziel	Talstation der Seilbahn in Malcesine (https://funiviedelbaldo.it) → 187 D4

Die vorgeschlagene Wanderung bietet Natur pur mit einer sich über mehrere Klimazonen erstreckenden, vielfach endemischen Flora und Fauna sowie atemberaubend schönen Blicken über den See. Nehmen Sie selbst dann, wenn Sie bei wolkenlosem Himmel aufbrechen, eine wetterfeste Jacke mit, denn die Temperaturen in der Höhe sind deutlich niedriger als am Seeufer, und zudem ist der Berg berühmt-berüchtigt für seine rasch aufziehenden Gewitter. Trittfeste Schuhe sowie im Sommer Sonnenbrille, Sonnencreme und ein Hut dürfen hier oben ebenfalls nicht fehlen.

Rechte Seite: Keine zehn Minuten dauert die 4325 m lange Fahrt mit den langsam um 360 Grad rotierenden Drehkabinen der »Funivia Malcesine – Monte Baldo«, einer der modernsten Seilbahnen der Welt, hinauf auf 2000 m Höhe.

1–2

Mit der Seilbahn geht es hinauf auf den Monte Baldo – und damit in eine ganz eigene Welt voller kleiner und großer Wunder der Natur: Da der Bergrücken während der Eiszeiten unvergletschert blieb, überlebten hier viele Reliktpflanzen die lange Kälteperiode, darunter viele Endemiten.

2–3

Nach dem Aussteigen wenden Sie sich nach rechts, gehen etwas bergab (am Café vorbei) bis zu einer Trafostation und einer Weggabelung. Laufen Sie nun geradeaus Richtung Skilift.

3–4

Halten Sie sich rechts vom Skilift und folgen Sie dem markierten Weg 651, der zunächst über felsiges, dann sanfteres Terrain zum Sessellift führt.

4–5

Der Endpunkt der kürzeren Wanderung ist jetzt in Sicht. Betreten Sie durch den Zaun das Naturreservat und nehmen

MALCESINE
MONTE BALDO

Der Weg ist das Ziel – auch am Monte Baldo, wo es sich immer lohnt, zwischendurch mal Halt zu machen, um das herrliche Panorama zu genießen.

Sie den Weg entlang dem mit Zwergkiefern bestandenen Kamm. Der grasige Untergrund wird zwar allmählich etwas felsiger, doch der Weg ist immer noch leicht begeh- und stets frei einsehbar. Das Ziel der kürzeren Wanderung, die Cima delle Pozzette auf 2132 m, erreicht man nach rund 1,5 Stunden. An klaren Tagen ist die Aussicht atemberaubend: Das Panorama erstreckt sich vom Monte Rosa im Westen über das Adamellomassiv im Norden bis zu den Julischen Alpen im Osten. Unvermeidlich zieht aber auch der Gardasee tief unten im Tal immer wieder die Blicke an.

Wer will, kann die Wanderung nun verlängern. Der Weg verläuft allerdings meist oberhalb der 2000-m-Grenze über felsiges Terrain, für das man über eine gewisse Erfahrung im Bergwandern verfügen sollte. Kalkulieren Sie für diese längere Wanderung rund 4,5 Stunden ein und informieren Sie sich in jedem Fall vorab über das Wetter.

5–6

Der Weg 651 führt hinter der Cima delle Pozzette fast 200 m bergab und dann wieder aufwärts zum Gipfel der Cima del Longino (2179 m). Ab jetzt wird der Weg felsiger und spektakulärer. Es geht zunächst über die Cima Val Finestra (2084 m) und dann Richtung Osten um die Felsen der Cima Valdritta herum. Nun wird der Weg zum wirklichen Bergpfad, Erfahrung und Trittsicherheit sind erforderlich, um dem nördlichen Kamm bis zum Gipfel der Cima Valdritta (2218 m), des höchsten Punktes des Monte Baldo, zu folgen.

Gehen Sie nun auf dem Weg zurück zur Cima delle Pozzette und zur Bergstation der Seilbahn, die Sie wieder nach unten an den See bringt.

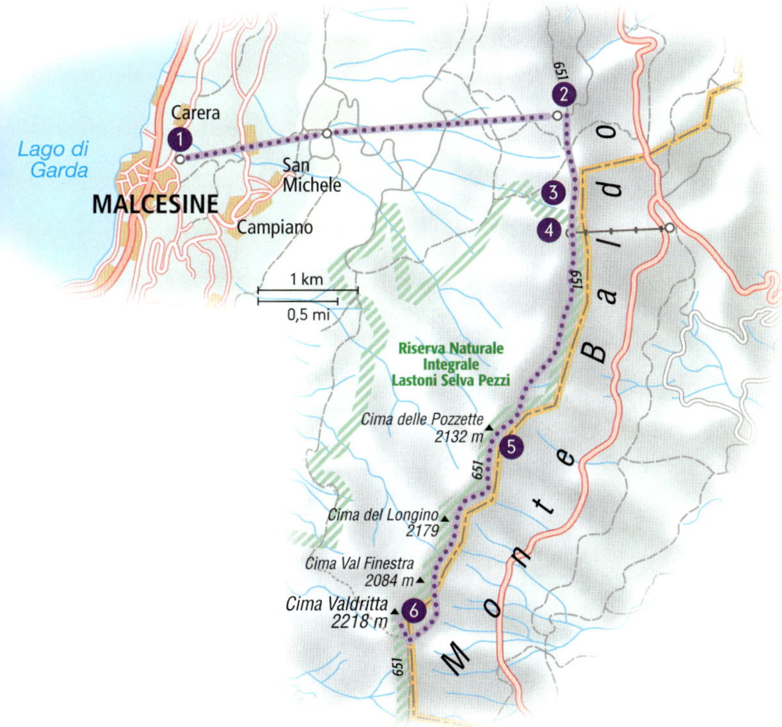

Tremosine und Tignale

Was?	Kurvenreiche Autotour mit atemberaubenden Aussichten
Länge	45 km
Dauer	2 Stunden (reine Fahrzeit)
Start	Limone sul Garda ⇸ 187 C4
Ziel	Gargnano ⇸ 186 C3

Über dem Nordwestufer des Gardasees erheben sich zwei Hochplateaus mit im Frühjahr herrlich blühenden Alpenwiesen. Die Straße hinauf ist kurvenreich und bisweilen schwindelerregend, der Blick auf die Berge im Norden, die Bergdörfer und den Gardasee ist famos!

Rechte Seite: Die »Schauderterrasse« im Restaurant des Hotels Paradiso in Pieve di Tremosine ragt an einigen Stellen mehrere Meter über den Abgrund hinaus.

1–2
Am Südrand von Limone sul Garda liegt ein großer Parkplatz für die Tagesgäste. Von dort fahren Sie zurück zur Gardesana Occidentale und dann nach links Richtung Süden. Lassen Sie den ersten Abzweig nach rechts (ausgeschildert ist Tremosine) unbeachtet und fahren Sie weiter vorbei an einem Schild, das Sie im Bezirk Tremosine willkommen heißt.

2–3
Die Gardesana Occidentale führt nun durch vier Tunnel. Der erste ist relativ kurz (etwa 100 m), der dritte ist länger (etwa 500 m), der vierte etwa 2,5 km lang. 100 m dahinter biegen Sie rechts auf die nach Tremosine ausgeschilderte Via Benaco ab.

3–4
Wieder geht es durch einen kurzen Tunnel, hinter dem die Straße sehr schmal wird. Sie führt nun steil bergan und windet sich zum Teil in Serpentinen bis zu einer Galerie, einem an einer Seite offenen Tunnel. Dahinter wird die Straße wieder breiter und bietet rechter Hand schöne Blicke auf den Gardasee. Durchfahren Sie einen weiteren Tunnel und beachten Sie die Bogenform. Vorsicht: Wenn ein Lkw oder Bus entgegenkommt, fährt dieser in der Mitte der Straße! Hinter dem Tunnel wird die Straße einspurig, hat aber immer wieder Ausweichstellen.

4–5

Es folgt ein reizvoller Streckenabschnitt; rechts zunächst ein Bach in einer bewaldeten Schlucht, dann eine kleine Brücke. Über eine weitere kleine Brücke geht es nun zu einem in den Berg gesprengten Streckenabschnitt: Die Schlucht ist dort sehr schmal. Beim Wegweiser zum Hotel Paradiso sehen Sie eine Brücke über sich: Sie werden sie gleich überqueren, da die Straße eine Schleife macht, um an Höhe zu gewinnen. Gleich dahinter erreichen Sie das Ristorante La Forra – ein guter Platz zum Kaffeetrinken. Der kurvenreichste Teil der Straße ist nun geschafft.

5–6

Die Straße wird zunehmend breiter, bald erreichen Sie Pieve. Dann geht's nach rechts (ausgeschildert ist Voltino), doch sollten Sie dem Dorf zunächst einen kurzen Besuch abstatten und, wenn Sie möchten, im Restaurant Miralago zu Mittag essen. Es wurde in den Steilhang über dem Gardasee gebaut – entsprechend fantastisch ist die Aussicht und ebenso gut die lokale Küche. Das Miralago finden Sie, wenn Sie von der Piazza Fossato mit der Touristeninformation im Rücken einfach geradeaus gehen. Das Touristenbüro informiert auch über den Parco Regionale dell'Alto Garda Bresciano. Er wurde 1989 zum Schutz der einzigartigen Landschaft um Tremosine und Tignale und der Bergwelt im Norden und Westen eingerichtet. Im Park leben u. a. Rehe, verschiedene Arten von Fröschen und Kröten, Salamander, der schwefelgelbe Mittelmeer-Zitronenfalter und – in den Hochlagen – der europäische Braunbär, der im Rahmen des Projekts »Life Ursus« in dem Gebiet angesiedelt wurde.

6–7

Wieder unterwegs, folgen Sie der Straße in Richtung Voltino mit grandiosem Blick auf die Bergdörfer des Tremosine-Plateaus. Hinter Priezzo, dessen Kirche aus dem 7. Jh. stammt, wird die Straße etwas breiter und die Landschaft offener. Nachdem Sie einen kurzen Tunnel durchfahren haben, windet sich die Straße hinauf nach Villa. Gleich außerhalb des Dorfes gibt es einen Aussichtspunkt, von dem aus man den terrassenförmig angelegten Ort bewundern kann.

7–8

Nehmen Sie nicht den Abzweig nach rechts (Richtung Voltino und Limone), sondern folgen Sie der Straße weiter nach links in Richtung Vesio. Die Straße durch das Dorf ist gepflastert. Unterbrechen Sie die Fahrt für einen Gang durch das Dorf mit seinen vielen hübschen Häusern und der 1760 erbauten Kirche San Bartolomeo. An der Straßengabelung hinter dem Dorf halten Sie sich dann rechts in Richtung Brescia, Salò und Tignale. Es geht etwas bergab durch Bergwiesen und bewaldete Felsen. An der ersten Kreuzung fahren Sie geradeaus (ausgeschildert sind wiederum Brescia, Salò und Tignale). Vor sich sehen Sie jetzt interessante Felsschichten. Fahren Sie nun doppelt vorsichtig, da es im nächsten Abschnitt steil bergab geht und einige Serpentinen zu bewältigen sind.

8–9

Nachdem Sie den Torrente Campione überquert haben, geht es in Serpentinen wieder bergauf. Die Straße führt abwechselnd auf- und abwärts, bis Sie zu einem Schild kommen, das Sie in Tignale willkommen heißt. Gleich dahinter können Sie einen Blick auf den Gardasee werfen. Die Straße wird nun zum ersten Mal zweispurig. Fahren Sie nicht geradeaus nach Tignale, sondern bleiben Sie auf der »Hauptstraße«, bis Sie zu einem ausgeschilderten Abzweig nach links Richtung Eremo di Monte Castello kommen.

9–10

Biegen Sie rechts zur Kirche ab. Die Straße dorthin ist einspurig und steil. Auf eine scharfe Haarnadelkurve folgt nun ein weiterer steiler Abschnitt zu einem Torbogen, der kaum breit genug für einen Wagen ist. Parken Sie unten am großen Parkplatz an der Hauptstraße. Wer die Gehzeit von etwa 20 Minuten meiden will, kann auch die steile Straße hochfahren und versuchen, einen der ungefähr zwölf Parkplätze unterhalb der Kirche Madonna di Monte Castello zu ergattern.

Immer der Sonne nach: Statt mit dem Auto in kurvige Höhen bietet sich auch eine »luftigere« Rundfahrt mit der Vespa am oder um den See an.

10–11

Anschließend kehren Sie auf gleichem Weg zur Hauptstraße zurück. Achten Sie unterwegs auf die Bildstöcke mit Fresken der Kreuzwegstationen. An der Hauptstraße biegen Sie links ab und fahren durch Gardola durch. Halten Sie sich weiter links in Richtung Salò/Riva. Dann geht es bergab, immer wieder gibt es Aussichtspunkte, von denen man einen schönen Blick über den See auf Malcesine mit dem dahinter aufragenden Monte Baldo hat. Lassen Sie sich nicht vom Abzweig nach Piovere irritieren, sondern fahren Sie weiter bergab bis zur Gardesana Occidentale. Rechts und dann wieder links fahrend, erreichen Sie schließlich Gargnano, das Ziel dieser Tour.

Im Norden von Riva

Was?	Rundfahrt zwischen See und Fels
Länge	70 km
Dauer	2,5 Stunden (reine Fahrzeit)
Start/Ziel	Porta San Michele, Riva del Garda ↟ 187 D5

Nördlich von Riva liegen die spitzen Felsgipfel des Brentamassivs. Diese Rundfahrt ist so konzipiert, dass Sie die Felslandschaft der Brenta genießen und zum Abendessen in Riva zurück sind.

1–2
An der Porta San Michele in Riva biegen Sie links auf den Viale Dante, von diesem rechts in den Viale Prati und beim Stoppschild erneut rechts in den Viale Giuseppe Canella. Am Kreisverkehr (Largo Marconi) nehmen Sie die zweite Ausfahrt Richtung Varone/ Tenno (Via dei Tigli). Halten Sie sich erst rechts, dann links und folgen Sie den Schildern Richtung Cascata del Varone.

Blick auf Riva, von Norden her kommend: Frühling am Gardasee.

2–3
Bleiben Sie auf der Straße, die nun eine Linkskurve macht. Geradeaus sehen Sie herrliche Felsen und Berge, linker Hand einen kleinen Weinberg. Jetzt geht es bergauf, und bald kommt links die Einfahrt zur Cascata del Varone. Dort gibt es einen Rastplatz und ein Café, aber es ist wahrscheinlich noch zu früh für eine Pause, es sei denn, Sie möchten sich die Cascata, den Wasserfall ansehen.

3–4
Weiter geht es durch Gavazzo, ein malerisches Dorf mit alten Häusern und farbenfrohen Blumenkästen, und dann steil bergauf. Von einem der Parkplätze am Straßenrand können auch die Autofahrer die Aussicht auf Riva und den See genießen. Die Straße klettert in mehreren Serpentinen bergauf, vorbei an Olivenbäumen und Weinbergen und einigen Orangenbäumen.

Buntes Idyll: Bergbauernhof knapp unterhalb der Baumgrenze.

4–5

Nach der Fahrt durch Cologna liegt gleich hinter dem Dorf rechts ein Aussichtspunkt mit Blick auf den Monte Baldo und den nördlichen Seeabschnitt. Auch die Umgebung ist hübsch: Der Hang wurde für die Olivenbäume und Weinberge terrassiert. Bevor Sie nach Tenno kommen, liegt gleich rechts ein weiterer Rastplatz, den man für ein Picknick nutzen kann. In Tenno befindet sich im alten Schloss das Ristorante Castello, ein passender Ort für ein Mittagessen. Dann geht es weiter auf einer serpentinenreichen Straße mit großartiger Bergsicht.

5–6

Fahren Sie durch Ville del Monte mit seiner originellen Architektur: Die Hausdächer sind mit halbkreisförmigen Ziegeln gedeckt. Der See rechts ist der Lago di Tenno, der je nach Wetterlage grün oder blau erscheint. Nach einer kurzen Fahrt bergab durch ein Waldstück geht es wieder bergauf. Bald passieren Sie eine weitere Gelegenheit zur Einkehr: die Pizzeria Da Lalucio. Etwas weiter gibt es auch einen für ein Picknick geeigneten Rastplatz inmitten der Bergwiesen.

6–7

Jetzt geht es bergab. Halten Sie sich rechts in Richtung Ponte Arco und ignorieren Sie die Straße nach Fiavè: Eindrucksvoll erheben sich nun zerklüftete Felshänge vor Ihnen. Fahren Sie durch das Dorf Dasindo und achten Sie dann in Vigo Lomaso auf die Schilder, die vor möglichem Wildwechsel warnen. Es geht an der schönen Villa Lutti mit ihrem auffallenden Rundturm vorbei und dann steil bergab durch mehrere Serpentinen zum Ponte Arco. Biegen Sie nun rechts in die Straße nach Trento. Links bietet das Al Pont eine gute Gelegenheit für eine Kaffeepause.

7–8

Fahren Sie durch Terme di Comano und folgen Sie der schmalen, kurvenreichen Straße. Rechts sieht man überhängende Felsen, auf der linken Seite den Fluss Sarca. Im nächsten Ab-

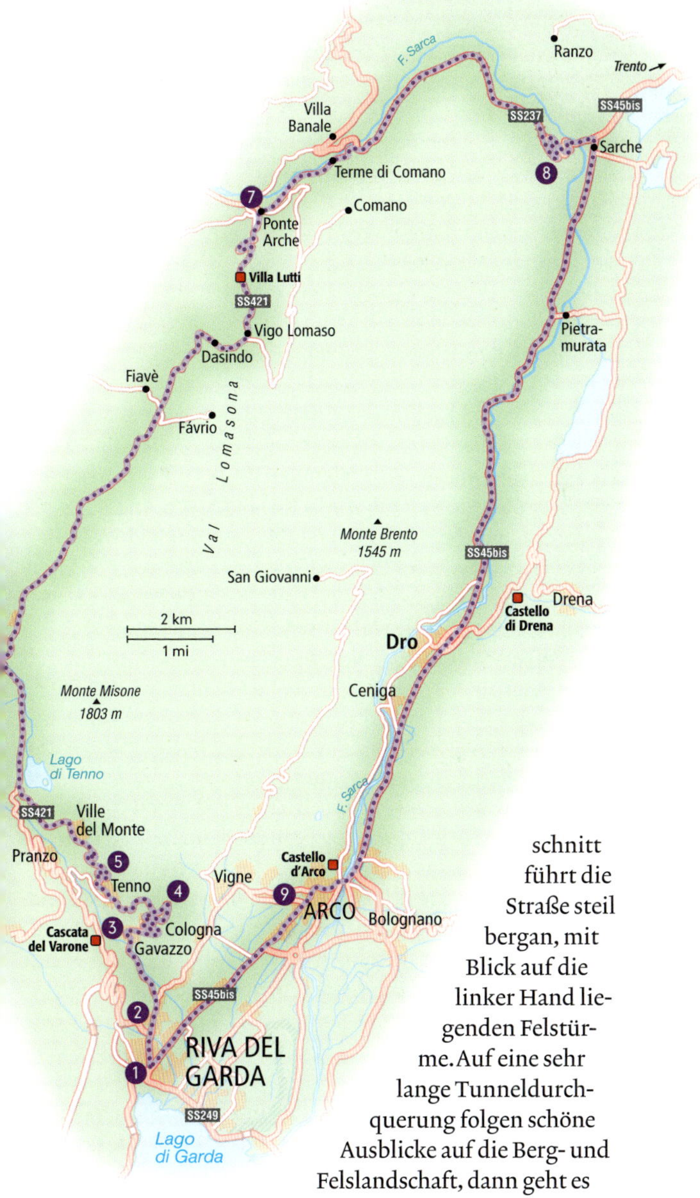

schnitt führt die Straße steil bergan, mit Blick auf die linker Hand liegenden Felstürme. Auf eine sehr lange Tunneldurchquerung folgen schöne Ausblicke auf die Berg- und Felslandschaft, dann geht es schon wieder in den nächsten langen Tunnel, der in eine Galerie mündet. Weitere Tunnel folgen, nach dem vierten liegt links ein Rastplatz unterhalb imposanter Felsen. Jetzt fahren Sie hinab nach Sarche und werden ein Schild sehen, das auf die Zona Del Vino Santo DOC mit einer Liste der *cantine* hinweist. Wer will, kann den Ausflug noch durch einen Besuch auf einem solchen Weingut aufwerten, die für ihre Süßweine bekannt sind. Sarche ist unter Geologen wegen der *marocche* berühmt – eine Art Steinwüste mit riesigen Felsbrocken, die nach drei postglazialen Bergstürzen liegen blieben.

8–9

Überqueren Sie die Sarca und fahren Sie an der T-Kreuzung rechts in Richtung Riva del Garda. Am Kreisverkehr geht es geradeaus weiter Richtung Arco/Riva durch einen ausgedehnten Weinberg, der sich rechts und links etwa 2 km weit erstreckt. Überqueren Sie erneut den Fluss, und schauen Sie nach dem Castello di Drena links in den Bergen. Die Burg wurde von den Herren von Arco Ende des 12. Jhs. zur Verteidigung des Tals gebaut. Das Arco-Tal war im Mittelalter eine der wenigen leicht passierbaren Routen durch die Berge, sodass die Herren von Arco stets mit einmarschierenden Truppen rechnen mussten. Vor sich sehen Sie nun die Burg in Arco, die auf einer Felspyramide steht. Halten Sie sich nun rechts, und überqueren Sie noch einmal die Sarca, um nach Arco zu gelangen. Wenn Sie dort Halt machen wollen, fahren Sie hinter der Brücke rechts zum Parkplatz.

9–1

An der Ampel geht es links nach Riva. Bald kommen Sie an einem Park mit Springbrunnen vorbei (rechts). Am Kreisverkehr fahren Sie geradeaus in Richtung Riva, vorbei an mehreren Gartenzentren. Bald heißt Sie am Straßenrand ein Schild in Riva willkommen – etwas zu früh, denn es dauert noch ein bisschen, bis Sie in der Stadt sind. Fahren Sie zunächst geradeaus über zwei Ampelkreuzungen. Links, gegenüber dem Hotel Astoria, liegt die moderne Kirche Sankt Josef. Weiter in dieser Richtung erreichen Sie den Kreisverkehr, an dem Sie anfangs nach Varone abgebogen sind. Von hier ist es ein letzter Kilometer zur Porta San Michele.

Durch die Weinberge

Was?	Rundfahrt mit (und zu) edlen Reben
Länge	80 km
Dauer	3 Stunden (reine Fahrzeit)
Start/Ziel	Bardolino ↟ 186 D25

Nahe der Südostspitze des Gardasees wachsen die Trauben für zwei der berühmtesten italienischen Weine: Bardolino und Valpolicella. Die Strada del Vino führt durch das zumeist ebene Bardolino-Gebiet. Durch das Valpolicella-Gebiet gibt es keine »offizielle« Route. Unsere Rundfahrt verbindet beide Weinbaugebiete und führt Sie zu den jeweils interessantesten Orten. Der mittlere Abschnitt muss dabei zweimal (Hin- und Rückweg) befahren werden.

1–2

Starten Sie in Bardolino nahe der Touristeninformation an der Gardesana Orientale. Von hier aus geht es zunächst in Richtung Garda, doch biegen Sie gleich am ersten Kreisverkehr in die erste Straße (Via Croce) rechts ab, wo schon das Weinmuseum ausgeschildert ist. Ignorieren Sie das Schild zur Strada del Vino rechts und fahren Sie stattdessen geradeaus und vorbei an einem Schild nach Affi. Rechter Hand sehen Sie eine schöne Baumreihe, linker Hand eine Bootswerft – schon tauchen die ersten Weinberge des Bardolino vor Ihnen auf. Weiter geht es durch Olivenhaine, vorbei an der Bardolino-Lage Costadoro. Wer will, kann in Frantoio auch gutes Olivenöl kaufen – oder den herrlichen Bergblick genießen.

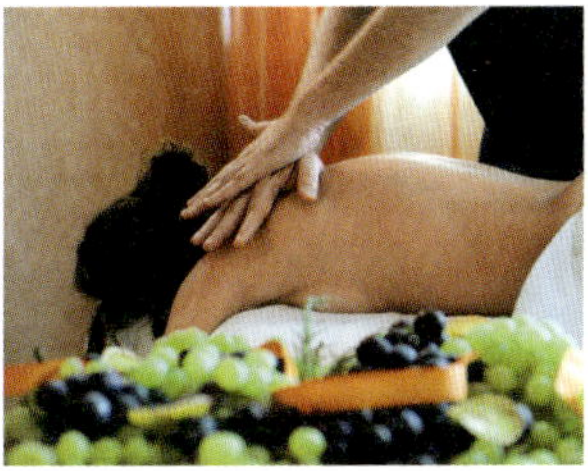

Wer sagt denn, dass man Wein nur trinken kann? Auch eine Massage mit Weintraubenkernöl wie hier in Bardolino hat seinen (ganz besonderen) Reiz.

2–3

Am Kreisverkehr fahren Sie geradeaus weiter in Richtung Affi, vorbei an der Weinlage Naiano. Am nächsten Kreisverkehr fahren Sie nach rechts, nach etwa 150 m kommen Sie an La Canova vorbei. Kurz danach halten Sie sich links auf der Straße zur A22 Richtung Modena/Brennero und Piovezzano.

3–4

Die Straße führt durch Olivenhaine, bis Sie rechts einen kleinen See erreichen. Überqueren Sie die Autobahn A22 und fahren Sie an den Fabriken Effegi und Goretex vorbei. Am Stoppschild halten Sie sich rechts Richtung Sant'Ambrogio di Valpolicella und erblicken fantastische Felsbrocken. An der T-Kreuzung geht es links bergab. Fahren Sie an der Steingalerie mit ihren Steinbrocken vorbei. Aus den Steinbrüchen von Valpolicella stammt der rötliche Marmor Rosso di Verona, aus dem viele Gebäude der Stadt errichtet wurden. Setzen Sie Ihre Fahrt durch das Dorf Sega fort, anschließend geht es rechts in Richtung auf die Straße 33a über die Etsch (Adige).

4–5

An der T-Kreuzung fahren Sie nach rechts und durch Domegliara hindurch. An der Kreuzung nehmen Sie die Straße in Richtung Sant'Ambrogio und Negrar. Nach etwa 100 m biegen Sie rechts nach Negrar/San Pietro in Cariano ab. Weiter geht es bergauf, an der Ampel fahren Sie geradeaus und unter einer Brücke hindurch. Rechts liegt der erste Weinberg von Valpolicella, links sieht man terrassierte Lagen. Wieder geht es unter einer Brücke hindurch.

5–6

Am Kreisverkehr fahren Sie geradeaus (Richtung San Pietro in Cariano/Pedemonte) bis zur Ampel. Folgen Sie nicht der Straße nach links, sondern fahren Sie geradeaus (von der Hauptstraße ab), vorbei am Famila-Supermarkt. Fahren Sie an der Ampel links und folgen Sie den Schildern nach Negrar. Nachdem Sie einige Geschäfte passiert haben, biegen Sie an der Ampel links ab. Linker Hand liegt der Monte Baldo vor Ihnen, rechts bewaldete Hügel. In der Cantina Sociale Valpolicella haben Sie die Möglichkeit, die lokalen Valpolicella-Weine zu kaufen. Bei der Durchfahrt durch Negrar können Sie die malerische Kirche aus dem 12. Jh. und einen Campanile besichtigen. Rechts von Ihnen liegt ein Fluss.

6–7

Achten Sie auf den Abzweig nach links in Richtung Prun/Torbe. Die Osteria Vecchia, Richtung Torbe linker Hand, eig-

Was in den Weinbergen von Bardolino (ganz oben und rechts) gedeiht, reift in den Barriquefässern etwa des Weinguts Zeni (oben) zu wohlmundenden Tropfen heran.

net sich ausgezeichnet für eine kurze Pause oder ein Mittagessen. Die Straße schraubt sich nun mit einer Reihe von Serpentinen steil bergan. Die Aussicht dort ist grandios. Fahren Sie durch das malerische Torbe und weiter bergauf. Halten Sie sich links Richtung Cerna/Santa Cristina und bald passieren Sie auf der rechten Seite riesige Marmorbrüche.

7–8

Am Stoppschild fahren Sie links nach Marano di Valpolicella. Bald kommen Sie an einem Rastplatz mit Steintischen und -bänken vorbei. Hier hat man einen ausgezeichneten Blick auf die umliegenden Wälder. Da die Straße in der Regel wenig befahren ist, können Sie dort eine Picknickpause einlegen.

Wieder auf der Straße, bietet sich auf der Fahrt bergab eine spektakuläre Aussicht auf die bewaldeten Berghänge. An einem See vorbeifahrend, kommen Sie nun nach San Rocco. Bergab geht es über eine Reihe von Serpentinen nach Marano di Valpolicella mit seiner eindrucksvollen großen Kuppelkirche. Fahren Sie durch Prognol und Valgatara, vorbei an den Weinkellereien San Rustico und Michele Castellona, bis zur Ampel in San Floriano. Im Nachbarort San Pietro in Cariano stößt man auf das 1908 gegründete Weingut Vantini Luigi e Figli in der Via Cà dell' Ebreo 7. Dort gibt es eine große Weinauswahl, deutschsprachige Führungen und Weinproben. Denn ohne einen Amarone sollte man die Tour nicht beenden: Er gilt als einer der besten Rotweine Italiens.

8–9

Fahren Sie in westlicher Richtung weiter nach Sant'Ambrogio di Valpolicella. Dort geht es an der Ampel geradeaus in Richtung Domegliara, dann am Stoppschild links und an der Ampel wieder rechts Richtung Pastrengo.

9–10

An der nächsten Ampel fahren Sie nun links in Richtung Pastrengo, vorbei an den riesigen Marmorwerken und einem Schild, welches das Ende der

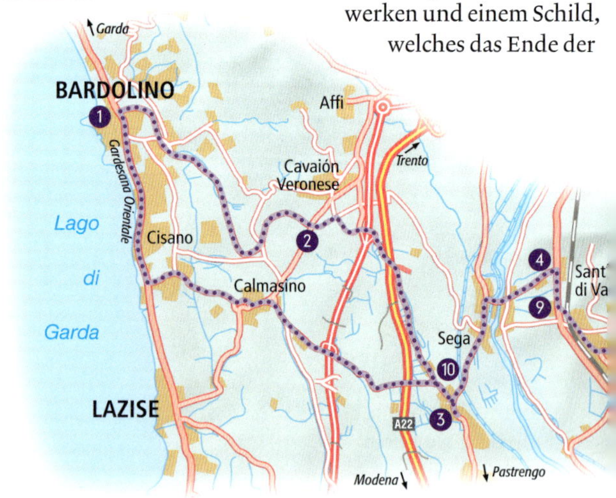

Region Valpolicella markiert. Nach der Brücke halten Sie sich links auf der Straße Richtung Pastrengo/Lazise. Nun geht es bergauf und rechts in Richtung Lazise.

10–1

An der Einmündung biegen Sie links in Richtung Lazise ab. Überqueren Sie die Autobahn A22 und fahren Sie durch die Bardolino-Weinberge von Ca'Furia, Podere San Giorgio und Girasole, um dann links in Richtung Lazise abzubiegen. Die Azienda Agricola della Pieve – Olivenölverkauf und Urlaub auf dem Bauernhof – liegt links von Ihnen. Dann geht es unter einer Brücke hindurch, vorbei an einem kleinen See zu Ihrer Linken und durch die Ortschaft Montiana. Dieser Abschnitt der Route ist landschaftlich sehr reizvoll. Am Stoppschild fahren Sie rechts in Richtung Lazise, folgen der Uferstraße nach Norden und kehren anschließend wieder nach Bardolino zurück.

Fotoshooting in Garda, mit der Isola
di Trimelone im Hintergrund.

Praktische Informationen

Was vor der Reise wichtig ist, wie Sie vor Ort gut zurechtkommen und viele Infos mehr erfahren Sie hier.

Seite 172–182

VOR DER REISE

Auskunft

Tourist-Informationen

Italienische Zentrale für Tourismus ENIT: Barckhausstraße 10, 60325 Frankfurt am Main, Tel. 069 23 74 34, www.enit.de

Repräsentanz ENIT Berlin: c/o Botschaft der Italienischen Republik, Hiroshimastraße 1, 10785 Berlin, Tel. 030 24 31 04 13 berlin@enit.it

Repräsentanz ENIT Zürich: c/o Italienisches Generalkonsulat, Tödistr. 65, 8002 Zürich, Tel. 04 45 44 07 97, zurigo@enit.it

Für Bergamo: Via Aeroporto 13, 24050 Bergamo-Orio al Serio, Tel. 035 32 04 02 www.visitbergamo.net

Für Brescia: Via Luigi Einaudi 23, 25121 Brescia, Tel. 030 372 54 03, www.bresciatourism.it

Für Lago di Garda: Die jeweiligen Informationsbüros finden sich meist im Ortskern wie in Sirmione oder am Busbahnhof wie in Malcesine. Unter www.tourism.verona.it/de/info finden sich die wichtigsten Touristenbüros der Ortschaften am Lago di Garda, die zum Veneto gehören; unter www.gardatrentino.it/de/ die für den trentinischen Teil und unter www.gardalombardia.de die zum lombardischen Westufer.

Für Lago d'Iseo und Franciacorta: Lungolago Marconi 2c, 25049 Iseo, Tel. 030 374 87 33, www.visitlakeiseo.info

Fürs Trentino: Via Romagnosi 11, 38122 Trento, Tel. 046 121 93 00, www.visittrentino.it

Für Verona: Via Degli Alpini 9 (Piazza Bra), 37121 Verona, Tel. 045 806 86 80, www.veronatouristoffice.it

Internet

www.visitgarda.com: Offizielle Info-Seite für alle drei Regionen am und um den See: Trentino, Veneto, Lombardia.

www.gardasee.de: Beste Website zum Lago mit vielfältigen Informationen zu den Ortschaften, Ausflugzielen, Veranstaltungen, Sport, Essen und Trinken sowie aktuelle News. Auch mit Buchungsmöglichkeit für Hotels.

www.gardaseezeitung.it: Online-Portal der überall am See ausliegenden Urlauberzeitung mit Aktuellem und Nützlichem.

www.gardasee-informationen.de: Infos zum Thema Camping, Ferienwohnungen.

www.ristogarda.com: Alles für Foodies: Restaurants, Rezepte, regionale Spezialitäten.

www.ledrosee-info.de: Basis-Infos für den kleinen Nachbarsee.

Botschaften

Italienische Botschaft in Berlin: Hiroshimastraße 1, 10785 Berlin, Tel. 030 25 44 00, www.ambberlino.esteri.it

Italienische Botschaft in Wien: Ungargasse 43, 1030 Wien, Tel. 017 12 51 21, www.ambvienna.esteri.it

Italienische Botschaft in Bern: Elfenstrasse 14, 3006 Bern, Tel. 031 350 07 77, www.ambberna.esteri.it

Elektrizität

Die Stromspannung beträgt 220 Volt (50 Hertz); die Stecker entsprechen denen in Mitteleuropa.

Ermäßigungen

Kinder und Jugendliche unter 18 Jahren aus EU-Ländern genießen in der Regel freien oder ermäßigten Eintritt in den meisten Museen. Vergleichbare Konditionen gelten auch für Senioren über 65 Jahre (Personalausweis mitnehmen).

Feiertage

1. Jan.: Neujahr
6. Jan.: Hl. Drei Könige
März/April: Ostermontag
25. April: Tag der Befreiung
1. Mai: Tag der Arbeit
2. Juni: Nationalfeiertag
15. Aug.: .Mariä Himmelfahrt (Ferragosto)
1. Nov.: Allerheiligen
8. Dez. Fest der unbefleckten Empfängnis
25. Dez. 1. Weihnachtstag
26. Dez. 2. Weihnachtstag

Geld

Landeswährung: Italien gehört zur Eurozone. Für Schweizer gilt: 1 Euro = 1,16 CHF, 1 CHF = 0,86 Euro.

Bargeld: Die bequemste Möglichkeit, in größeren Städten und Urlaubsregionen an Bargeld zu kommen, bieten die Geldautomaten. Sie können Ihre Bank- und Kreditkarten problemlos in Italien verwenden. Zum Abheben benötigen Sie nur Ihre Geheimzahl.
Kreditkarten: Die gängigen Kreditkarten (carta di credito, häufig auch tessera für Karte) werden in den meisten Ferienorten in den großen Hotels, Restaurants und Geschäften akzeptiert; diese haben die entsprechenden Kartensymbole aushängen. Bei kleineren Hotels und Restaurants sowie in ländlicheren Gebieten wird manchmal nur Bargeld angenommen.
Sperrnotruf: Unter Tel. 0049 116 116 kann man in Deutschland Bank- und Kreditkarten, Online-Banking-Zugänge, Handykarten und die elektronische Identitätsfunktion des neuen Personalausweises bei Verlust sperren lassen. Für Österreich gilt die Telefonnummer: 0043 1 204 8800. Die Schweiz hat keine einheitliche Notfallnummer. Die wichtigsten sind:
0041 44 659 69 00 (Swisscard);
0041 44 828 31 35 (UBS Card Center);
0041 58 9 58 83 83 (VISECA);
0041 44 8 28 32 81 (PostFinance).

Gesundheit

Krankenversicherung: Bürger aus EU-Ländern erhalten kostenlose oder kostenreduzierte medizinische Behandlung mit der Europäischen Versichertenkarte (EHIC). Eine zusätzliche Privatversicherung ist empfehlenswert; sie sollte auch die Kosten für einen Rücktransport decken.
Zahnarzt: Die zahnärztliche Versorgung in Italien ist sehr gut. EU-Angehörige erhalten eine Zahnarztbehandlung zu ermäßigtem Preis, dennoch empfiehlt sich eine private Reiseversicherung.
Medikamente: Verschreibungspflichtige Arzneien und andere Medikamente erhalten Sie in der Apotheke *(farmacia)*. Diese haben in der Regel Mo–Sa 8–13 und 16–20 Uhr geöffnet.
Trinkwasser: Das Leitungswasser kann ebenso wie Wasser aus öffentlichen Brunnen ohne Bedenken getrunken werden.

In Kontakt bleiben

Post: Briefkästen gibt es in zwei Farben: rote sind für normale Post, blaue für Expresspost *(posta prioritaria)*. Briefmarken *(francobolli)* erhalten Sie in Postämtern, Tabakläden und Bars. Viel teurer sind die Marken des privaten Anbieters globalpostservice.
Telefonieren: Öffentliche Telefonzellen sind sehr selten geworden. Bei Anrufen aus dem Ausland und bei Ortsgesprächen muss immer die Vorwahl inklusive der 0 mitgewählt werden.
Mobil telefonieren: Mobiltelefone (*telefono cellulare*, auch *telefonino*) wählen sich automatisch via Roaming in das entsprechende italienische Partnernetz ein. Gewählt wird mobil ohne »0« vorweg, auch von Deutschland aus. Für Mobiltelefone gelten von der EU festgelegte Höchstpreise. Wer viel in Italien unterwegs ist, kann sich einen Prepaid-Chip der italienischen TIM kaufen. Für kostenlose Telefonate aus dem In- und Ausland ist das Installieren von Skype nötig (www.skype.com) sowie eine stabile Internet-Verbindung.
Internationale Vorwahlen:
Italien: ☎ 0039
Deutschland: ☎ 0049
Österreich: ☎ 0043
Schweiz: ☎ 0041
WLAN und Internet: Die meisten Hotels (und viele Restaurants und Bars) verfügen über Wlan, das in der Regel in allen Gästezimmern und sicher in den Aufenthaltsereichen anwählbar sowie dort nur sehr selten kostenpflichtig ist.

Notrufe

Allgemeiner Notruf: ☎ 113
Polizei: ☎ 112
Notarzt: ☎ 118
Feuerwehr: ☎ 115

Reisedokumente

Für Deutsche, Österreicher und Schweizer genügt der **Personalausweis**. Kinder brauchen einen eigenen Ausweis, ob Kinderreisepass, Reisepass oder Personalausweis hängt vom Alter ab. Führerschein, Kfz-Schein und die Internationale Grüne Versicherungskarte sind mitzuführen.

Reisezeit

Italien liegt in der mediterranen Klimazone (heiße, trockene Sommer und regenreiche, milde Winter). Durch die Lage am Südrand der Alpen sind die Sommer jedoch nicht so drückend heiß. Fast täglich sorgt ein angenehmer Wind für etwas Erfrischung. Im Winter mildern die Seen, die wie riesige Wärmespeicher wirken, spürbar die Kälte, aber man muss mit regnerischem und nebligem Wetter rechnen; auch Schnee ist in Norditalien nichts Ungewöhnliches. Allerdings beschränkt er sich meist auf die höher gelegenen Regionen – am Monte Baldo ist sogar Skifahren möglich.

Zeit

In Italien gilt die Mitteleuropäische Zeit. Sommerzeit: Ende März bis Ende Okt.

Zollbestimmungen

Innerhalb der EU ist der Warenverkehr für private Zwecke weitgehend zollfrei. Es gelten lediglich gewisse Höchstmengen (z.B. für Reisende über 17 Jahren 800 Zigaretten, 10 l Spirituosen und 90 l Wein).
Für Reisende aus Nicht-EU-Ländern wie der Schweiz gelten die folgenden Freigrenzen: 200 Zigaretten oder 100 Zigarillos bzw. 50 Zigarren oder 250 g Tabak, ferner 2 l Wein oder andere Getränke bis 22 % Alkoholgehalt sowie 1 l Spirituosen mit über 22 % Alkoholgehalt (www.ezv.admin.ch).

ANREISE

Mit dem Flugzeug: Die wichtigsten Flughäfen in der Nähe des Gardasees sind Verona (www.aeroportoverona.it) und Bergamo (www.milanbergamoairport.it, wird auch unter Mailand-Orio al Serio geführt; wichtig ist der Drei-Letter-Code BGY, um Verwechslungen zu vermeiden). Verona fliegen Linienfluggesellschaften von Frankfurt und München aus an, nach Bergamo gibt es Billigflüge ab Berlin, Bremen, Düsseldorf-Weeze, Frankfurt-Hahn, Köln und München-Memmingen.

Fluglinien:
Lufthansa, Tel. 069 86 79 97 99, www.lufthansa.com
Germanwings, Tel. 018 06 32 03 20, www.germanwings.com
Austrian Airlines, Tel. 0043 517 66 10 00, www.austrian.com
Swiss, Tel. 08 48 70 07 00, www.swiss.com
Air Dolomiti, Tel. 089 97 58 04 97, www.airdolomiti.de
Alitalia, Tel. 018 06 07 47 47, www.alitalia.com
Ryanair, Tel. 018 05 56 62 00, www.ryanair.com
Vom Flughafen an den See: Sowohl von Verona als auch von Bergamo kommt man per **Bus** an den Gardasee, allerdings mit Umsteigen am Bahnhof von Verona bzw. Bergamo oder Brescia. Rechnen Sie mit mindestens einer Stunde Fahrtzeit und um die 12 Euro Fahrpreis. Das **Taxi** vom Flughafen Verona ins nahe Peschiera kostet knapp 45 Euro, vom Flughafen Bergamo bis Desenzano muss man mit etwa 120 Euro rechnen.
Mit dem Zug: Die nächsten wichtigen Bahnhöfe zum Gardasee sind Rovereto (für den Obersee) und Verona (für den Süden). Alle zwei Stunden gibt es zu beiden Bahnhöfen eine Verbindung nach München. Von Rovereto und Verona verkehren regelmäßig Busse zum See. Autoreisezüge des Anbieters Urlaubs-Express (UEX, www.urlaubs-express.de) fahren von Düsseldorf und Hamburg nach Verona (www.autoreisezug-planer.de).
Mit dem Auto überqueren Sie südlich von Innsbruck den Brenner und folgen dann der A 22 zum nördlichen Gardasee (Ausfahrt Rovereto-Sud) bzw. nach Verona (für den Süden). Von der Schweiz aus stellt der St.-Gotthard- Pass die schnellste Verbindung an den Lago dar, über den Lago di Lugano und die A 9 kommen Sie nach Como sowie über die A 4 zum Gardasee.
Maut: Italienische Autobahnen sind gebührenpflichtig. Ziehen Sie ein Ticket bei der Auffahrt und bezahlen Sie bei der Abfahrt.

Mit dem Bus: Flixbus unterhält ein umfangreiches und günstiges Liniennetz von nahezu jeder deutschen Großstadt in die Städte Norditaliens. Ab München geht es z. B. nach Rovereto, Verona, Brescia und Bergamo (www.flixbus.de).

UNTERWEGS AM GARDASEE

Mit dem Auto/Mietwagen: Grundsätzlich sind die Straßen gut ausgebaut; mancherorts geht es aber auch eng zu, etwa in einigen Tunneln am Gardasee-Westufer. Viele Einheimische fahren recht schnell und überholen manchmal durchaus waghalsig. Aber es gelten natürlich die auch bei uns üblichen Verkehrsregeln ...
Die **Höchstgeschwindigkeit** beträgt auf Autobahnen 130, auf Schnellstraßen 110, auf Nebenstrecken und innerorts 50 km/h. Die **Alkoholgrenze** liegt bei 0,5 Promille. Der **Automobile Club d'Italia (ACI)** bietet einen Pannendienst (Tel. 800 11 68 00, gebührenfrei mit dem deutschen Handy).
Mietwagenstationen findet man an den Flughäfen, in Rovereto und größeren Orten am Gardasee. In Italien muss der Mieter mindestens 21 Jahre alt sein, seinen Führerschein mindestens ein Jahr lang besitzen und eine Kreditkarte vorlegen. Von Deutschland aus zu buchen ist meist günstiger als vor Ort.
Mit dem Bus: Auf den Uferstraßen der größeren Seen und am Ostufer des Lago d' Orta verkehren Busse in der Regel im 60-Minuten-Takt. Am Gardasee verbindet Buslinie 27 Riva mit Desenzano, die Linie 484 Riva mit Garda, die 483 Malcesine mit Peschiera, die Linien 162-165 und 185 Garda mit Verona. Die Linie 26 führt von Brescia über Desenzano und Sirmione nach Verona.
Mit dem Taxi: Taxifahren ist sehr teuer und gerade für längere Fahrten nicht die beste Option. Taxistände gibt es in allen größeren Orten.
Mit dem Fahrrad: Das Radwegenetz am Gardasee wächst langsam, aber stetig. In den meist dunklen Tunneln muss unbedingt für Beleuchtung gesorgt werden! In den größeren touristischen Ortschaften gibt es auch Fahrradverleihstationen.
Mit dem Schiff: Auf den großen norditalienischen Seen sind die wichtigsten Städte an den Ufern durch Dampferlinien verbunden (www.navigazionelaghi.it). **Autofähren** verkehren auf dem Gardasee zwischen Toscolano-Maderno und Torri del Benaco sowie im Sommer auch zwischen Limone und Malcesine.

ÜBERNACHTEN

In den jeweiligen Regionenkapiteln dieses Reiseführers werden **Unterkünfte** aller Kategorien vorgestellt. Standards und Preise (pro Zimmer) sind mit denen mitteleuropäischer Länder vergleichbar. Frühstück *(colazione)* ist nicht immer im Preis enthalten. Beachten Sie auch, dass viele Hotels an den Seen nur in der Sommersaison zwischen Ostern und Okt. geöffnet haben.
Camping ist in Italien beliebt und fast überall (außer am Lago d'Orta) erlaubt. Auch direkt an den Seen gibt es fast überall genügend Campingplätze, von einfach bis ausgezeichnet und meistens familienfreundlich.

ESSEN UND TRINKEN

Die italienische Küche ist für manchen einer der Hauptgründe für eine Reise nach Italien. Das Essen wird immer gut zubereitet, egal ob man im Spitzenrestaurant oder in einer einfachen Trattoria einkehrt. Die Unterschiede zwischen Trattoria und Ristorante verwischen zwar mehr und mehr, aber im Allgemeinen bietet die **Trattoria** regionale, bodenständige Gerichte, während ein **Ristorante** zumeist eine sehr umfangreiche Speise- und Weinkarte hat.
Eine **Pizzeria** ist ein preiswertes Lokal, in dem Sie neben verschiedenen Pizzen auch Nudelgerichte sowie Salate bestellen können. Unter **Osteria** oder **Locanda** versteht man Landgasthöfe.
Meistens wird *pane e coperto* (**Brot und Gedeck**) zusätzlich berechnet. **Trinkgeld** ist üblich, wird aber manchmal auch ungefragt auf die Rechnung gesetzt.
Restaurants aller Kategorien werden in diesem Reiseführer in den jeweiligen Regio-

nenkapiteln vorgestellt. **Bars** sind etwas Spezielles in Italien: Dort nimmt der Italiener sein Frühstück (ein Hörnchen und Kaffee) und trinkt tagsüber seinen espresso. Das Trinken am Tresen heißt *al banco*; an den Tischen gelten höhere Preise. In einer Bar muss man üblicherweise zuerst an der Kasse bezahlen. Die Kassiererin händigt eine Quittung aus, die Sie dann der Bedienung hinter der Bar geben.

Getränke

Am Morgen trinken Italiener meistens einen **Espresso** oder einen **Cappuccino** zu einem Croissant *(un cornetto)*. Nach dem Mittag- und Abendessen trinken sie ausschließlich Espresso, niemals Cappuccino. **Tee** (un tè nero) ist für die meisten Italiener immer noch exotisch. Und wenn sie Tee trinken, dann mit Zitrone (un tè al limone). Wenn Sie Tee mit Milch möchten, verlangen Sie einen tè con latte, am besten »con latte freddo« (kalter Milch). **Mineralwasser** (acqua minerale) trinken viele Italiener zum Essen, entweder mit Kohlensäure (acqua gassata) oder ohne (acqua non gassata).
Zu Tisch trinken Italiener meist einen leichten offenen **Wein** (vino sfuso/vino della casa), der gut und billig ist – und selbstverständlich trocken.
Bier (birra) meint meist leichtes Lagerbier, es gibt aber auch Dunkelbier (birra scura, nera oder rossa). Verlangen Sie Bier vom Fass (birra alla spina). Gute italienische Marken sind Peroni oder Nastro Azzurro. Zu den gängigen **Aperitifs** gehören Martini, Cinzano, Campari und Aperol Spritz. Wenn Sie Campari Soda verlangen, bekommen Sie ein Fertigprodukt aus der Flasche; echter Campari Soda heißt Bitter Campari. Auch Prosecco (Sekt) aus Venetien ist beliebt. Nach dem Essen trinkt man gerne einen Weinbrand (Vecchia Romagna ist am besten), einen Limoncello (Zitronenlikör) oder Amaro (Bitter). Averna gehört zu den guten Marken. Grappa, ein starker Tresterschnaps, dient ebenso als **Digestif** wie der süße Mandellikör Amaretto. Der Anisschnaps Sambuca wird mit Kaffeebohne serviert.

Kaffeesorten

un espresso (oder, häufiger, **un caffè**) – starker, schwarzer Kaffee in kleinen Tassen
un doppio caffè/espresso – ein doppelter Espresso
un lungo – ein Espresso mit etwas mehr Wasser
un macchiato – ein Espresso mit etwas Milch
un caffè corretto – Espresso mit einem Schuss Likör oder Schnaps
un cappuccino – einEspresso mit geschäumter Milch (nie mit Sahne!)
un caffè latte – ein Espresso mit mehr Milch ohne Schaum
un americano – entspricht dem deutschen Filterkaffee
un caffè Hag – koffeinfreier Kaffee
un caffè freddo – ein eisgekühlter Kaffee, meist bereits (stark) gesüßt; wenn Sie ihn ohne Zucker möchten, verlangen Sie *un amaro*.
un cappuccino freddo – ein eisgekühlter Milchkaffee

AUSGEHEN

Die angesagten Adressen ändern sich häufig, besonders beliebt sind die Clubs in Desenzano und Bardolino. Allerdings kann man am Gardasee nachts auch ohne Laser-Light-Shows und Soundgewitter einiges erleben. In der Hochsaison sind die Uferpromenaden und Altstädte stimmungsvoll beleuchtet. Auf Straßen und Plätzen spielen manchmal Musiker und Bands, zeigen Straßenkünstler, was sie können, und die Restaurantwirte tischen auch mal bis Mitternacht im Freien auf. Vielerorts gibt es Open-Air-Partys, Pop- und Rockkonzerte oder Feuerwerke. Einige Ausgeh-Tipps finden Sie in diesem Reiseführer in den jeweiligen Regionenkapiteln.

VERANSTALTUNGSKALENDER

Jan.: Am 1.1. findet in Magugnano (Brenzone) das traditionelle Neujahrsschwimmen im See statt – egal, wie das Wetter und wie eiskalt das Wasser ist.
März: Drei Wochen vor Ostern, in der Mitte der Fastenzeit, wird in Limone die Festa

di Mezzaquaresima begangen. Das ist kein Fastenbrechen – gläubige Christen essen nach wie vor kein Fleisch –, aber es gibt Fisch in Hülle und Fülle. Und da dieser bekanntlich schwimmen muss, wird dazu Weißwein ausgeschenkt.
Juni: Die Tortellini wurden in Valeggio erfunden. Deshalb wird an jedem 3. Di im Juni die 600 m lange Visconti-Brücke zum Riesen-Open-Air-Restaurant. Rund 4000 Menschen feiern auf der Brücke die Festa del Nodo d'Amore mit mehr als 600 000 Nodi d' Amore (»Liebesknoten«, wie Tortellini in Valeggio genannt werden).
Juni–Sept.: In Malcesine werden vor herrlicher Kulisse auf der Freilichtbühne bei der Burg Sommerkonzerte und Theateraufführungen veranstaltet.
Juli: Regatta Bisse, ein abendliches Bootsrennen auf dem südlichen Gardasee mit Start in Bardolino. Gerudert wird, anknüpfend an Traditionen der venezianischen Republik, im Stehen, und zwar in schönen alten Booten. Der historische Wettbewerb wird eingeleitet mit einem Umzug der Fahnenschwinger. Trainingsfahrten für diesen Wettbewerb kann man im Sommer bei ruhigem See von allen Orten des Lago di Garda aus beobachten.
Juli-Aug.: Opernfestspiele in Verona.
Aug.: 10.8., La Notte di San Lorenzo – eine ganz besondere Nacht, wenn es Sternschnuppen »regnet«. Ganz Italien guckt dann in den Himmel, in Peschiera wird in der Sternschnuppennacht ein wahres Volksfest veranstaltet. 15.8., La Notte d'Incanto: Zu Ferragosto werden bei der »Zaubernacht« in Desenzano Tausende von schwimmenden Lämpchen und Kerzen zu Wasser gelassen. Ebenfalls zu Ferragosto findet der Palio delle Contrade statt, ein nächtliches Kanurennen zwischen den Stadtvierteln von Garda, bei dem jedes Jahr Ruderer in Booten, wie sie früher zum Transport und Fischfang eingesetzt wurden, gegeneinander antreten. Die Sieger werden mit einem Feuerwerk gefeiert.
Sept.: Centomiglia, die »Hundert-Meilen-Regatta« , startet im Jachthafen von Bogliaco (Gargnano). Rock Master: Bei Arco werden ebenfalls im Sept. die internationalen Meisterschaften im Freeclimbing ausgetragen.
Sept.-Okt.: Schon seit 1929 wird in Bardolino La Festa dell' Uva gefeiert, das große Weinfest am Hafen und an der Uferpromenade. Eine gute Gelegenheit, sich durch die Bardolino-Weine zu probieren! Und wenn es dunkel wird, gibt's ein Feuerwerk.
Nov.: Der Santa-Caterina-Tag wird in Castelletto di Brenzone groß gefeiert. Dann sind die meisten Oliven geerntet und in den Ölpressen fließen die ersten Tropfen des jungen Öls *(olio novello)*. Das neue, kaltgepresste Extra Vergine kann man bei den Produzenten probieren und kaufen.

EINKAUFEN

Leder ist eine italienische Spezialität – Schuhe, Handtaschen und Jacken sind meist von höchster Qualität. Bardolino und Valpolicella im Osten sowie die Franciacorta im Westen des Gardasees sind bekannte **Weinbaugebiete**. Außerdem ist der Gardasee für sein **Olivenöl** berühmt.
Öffnungszeiten: Die meisten Geschäfte haben von 9–13 u. 15–20 Uhr geöffnet, in den touristischen Zentren, besonders in der Saison, oft länger oder sogar durchgehend und an sieben Tagen die Woche. Ansonsten sind die Geschäfte am Sonntag geschlossen. Einige **Shopping-Tipps** und die **Markttage** der einzelnen Ortschaften werden in diesem Reiseführer in den jeweiligen Regionenkapiteln aufgeführt.
In **Bergamo** (Fußgängerzone Bergamo Alto) gibt es an jedem 3. So. im Monat (außer Aug.) einen klassischen Flohmarkt mit allem Möglichem, in **Brescia** (Piazza della Vittoria) an jedem 2. So. im Monat (außer Juli, Aug.) einen Markt für Antiquitäten, Möbel und Kunstobjekte. Weitere Spezialmärkte gibt es auch in **Cremona** (Via Dante Alighieri, jeder 3. So. im Monat, besonders Möbel und Kunstobjekte), **Mantua** (Piazza Castello, jeden 3. So. im Monat, besonders Antiquitäten), **Varese** (Piazza Montegrappa, jeden 1. So. im Monat, besonders Antiquitäten und Kunstobjekte) und **Verona** (Porta Palio, jeden 1. So. im Monat, vor allem Antiquitäten, Kunstobjekten, Kunsthandwerk).

SPRACHE

Immer zu gebrauchen

Ja/Nein	**sì/no**
Bitte	**per favore**
Danke	**grazie**
Keine Ursache/bitte	**di niente/prego**
Entschuldigung	**mi dispiace**
Auf Wiedersehen	**arrivederci**
Guten Morgen	**buongiorno**
Gute Nacht	**buona notte**
Wie geht es Ihnen?	**Come sta?**
Wie viel kostet das?	**Quanto costa?**
Ich hätte gern ...	**Vorrei ...**
Offen	**aperto**
Geschlossen	**chiuso**
Heute	**oggi**
Morgen	**domani**
Montag	**lunedì**
Dienstag	**martedì**
Mittwoch	**mercoledì**
Donnerstag	**giovedì**
Freitag	**venerdì**
Samstag	**sabato**
Sonntag	**domenica**

Nach dem Weg fragen

Ich habe mich verlaufen	**Mi sono perso/a**
Wo ist ...?	**Dove si trova ...?**
... der Bahnhof	**... la stazione**
... die Bushaltestelle	**... la fermata del bus**
... die Bank	**... la banca**
... die Toilette, das Bad	**... il gabinetto, il bagno**
Biegen Sie links ab	**volti a sinistra**
Biegen Sie rechts ab	**volti a destra**
Gehen Sie geradeaus	**vada dritto**
An der Ecke	**all'angolo**
die Straße	**la strada**
das Gebäude	**l'edificio**
die Ampel	**il semaforo**
die Kreuzung	**l'incrocio**
die Seitenstraße	**la strada laterale**
der Wegweiser nach ...	**l'indicazione per ...**

Im Notfall

Hilfe!	**Aiuto!**
Könnten Sie mir bitte helfen?	**Mi potrebbe aiutare?**
Sprechen Sie Englisch/Deutsch?	**Parla inglese/tedesco?**
Ich verstehe nicht	**Non capisco**
Rufen Sie mir bitte schnell einen Arzt	**Mi chiami presto un medico, per favore**

Im Restaurant

Ich möchte einen Tisch reservieren	**Vorrei prenotare un tavolo**
Einen Tisch für zwei Personen, bitte	**Un tavolo per due persone, per favore**
Bringen Sie uns bitte die Speisekarte	**Ci porta la lista, per favore**
Was ist das?	**Cosa è questo?**
Eine Flasche/ein Glas ...	**una bottiglia di/un bicchiere di ...**
Die Rechnung, bitte	**Il conto, per favore**

Übernachten

Haben Sie ein Einzel-/Doppelzimmer?	**Ha una camera singola/doppia?**
mit/ohne Badewanne/Toilette/Dusche	**con/senza vasca/gabinetto/doccia**
Ist das Frühstück im Preis enthalten?	**È inclusa la prima colazione?**
Ist das Abendessen im Preis enthalten?	**È inclusa la cena?**
Gibt es einen Zimmerservice?	**C'è il servizio in camera?**
Kann man das Zimmer sehen?	**È possibile vedere la camera?**
Ich nehme dieses	**Prendo questa**
Danke für Ihre Gastfreundschaft	**Grazie per l'ospitalità**

Zahlen

0	**zero**
1	**uno**
2	**due**
3	**tre**
4	**quattro**
5	**cinque**
6	**sei**
7	**sette**
8	**otto**
9	**nove**

10	**dieci**
11	**undici**
12	**dodici**
13	**tredici**
14	**quattordici**
15	**quindici**
16	**sedici**
17	**diciassette**
18	**diciotto**
19	**diciannove**
20	**venti**
21	**ventuno**
22	**ventidue**
30	**trenta**
40	**quaranta**
50	**cinquanta**
60	**sessanta**
70	**settanta**
80	**ottanta**
90	**novanta**
100	**cento**
101	**cento uno**
110	**centodieci**
200	**duecento**
300	**trecento**
1000	**mille**
2000	**duemila**
10 000	**diecimila**
1 Million	**un milione**

Speisekarte A–Z

acciughe	Sardellen
acqua	Wasser
affettati	geräucherte Wurstscheiben
affumicato	geräuchert
aglio	Knoblauch
agnello	Lamm
anatra	Ente
antipasti	Vorspeisen
arista	Schweinebraten
arrosto	Braten
asparago	Spargel
birra	Bier
bistecca	Steak
bollito	Suppenfleisch
braciola	Schnitzel, Steak
brasato	geschmort, Schmorbraten
brodo	Brühe
bruschetta	geröstetes Knoblauchbrot (oft mit Tomaten)
budino	Pudding
burro	Butter
cacciagione	Wildbret
cacciatora, alla	nach Jägerart
caffè corretto	Espresso mit Likör
caffè freddo	Eiskaffee
caffè latte	Milchkaffee
caffè lungo	schwacher Kaffee
caffè macchiato	Espresso mit etwas Milch
caffè ristretto	starker Kaffee
calamari	Tintenfisch
capperi	Kapern
carciofo	Artischocke
carne	Fleisch
carota	Möhre, Karotte
carpa	Karpfen
casalingo	hausgemacht
cassata	sizilianische Eisbombe mit Fruchtstückchen
cavolfiore	Blumenkohl
cavolo	Kohl
ceci	Kichererbsen
cervello	Hirn
cervo	Hirsch
cetriolino	Essiggurke
cetriolo	Gurke
cicoria	Chicorée
cinghiale	Wildschwein
cioccolata	Schokolade
cipolla	Zwiebel
coda di bue	Ochsenschwanz
coniglio	Kaninchen
contorni	Beilagen, Gemüse
coperto	Gedeck
cornetto	Hörnchen, Croissant
coscia	Schenkel, Keule
cotoletta	Kotelett, Schnitzel
cozze	Miesmuscheln
crema	Sahne, Creme, Cremesuppe
crostini	geröstete Weißbrotscheiben mit pikantem Belag

crudo	roh
digestivo	Digestif
dolci	Kuchen, Süßspeisen
erbe aromatiche	Kräuter, Gewürzkräuter
fagioli	Bohnen
fagiolini	kleine grüne Bohnen
faraona	Perlhuhn
farcito	gefüllt
fegato	Leber
finocchio	Fenchel
formaggio	Käse
forno, al	überbacken, gebacken
frittata	Omelett
fritto	frittiert, gebacken
frizzante	kohlensäurehaltig
frullato	geschlagen, gequirlt
frutta	Obst
frutti di mare	Meeresfrüchte
funghi	Pilze
gamberetti	Shrimps, Garnelen
gelato	Eiscreme, Speiseeis
ghiaccio	Eis (gefrorenes Wasser)
gnocchi	Kartoffel-, Teigklößchen
granchio	Krabbe
gran(o)turco	Mais
griglia, alla	gegrillt
imbottito	gefüllt
insalata	Salat
IVA	Mehrwertsteuer
latte	Milch
lepre	Hase
lumache	Schnecken
manzo	Rindfleisch
merluzzo	Kabeljau
miele	Honig
minestra	Suppe
molluschi	Weichtiere
olio	Öl
oliva	Olive
ostrica	Auster
pancetta	Bauchspeck
pane	Brot
panna	Sahne, Rahm
parmigiano	Parmesankäse
passata	Püree, Mus
pastasciutta	Nudelgerichte
pasta sfoglia	Windbeutel
patate fritte	Pommes frites, Röstkartoffeln
patatine fritte	Pommes frites
pecora	Schaf
pecorino	Schafskäse
peperoncino	Chilischote, Peperoni
peperone	Paprikaschote
pesce	Fisch
petto	Brust
piccione	Taube
piselli	Erbsen
pollame	Geflügel
pollo	Hähnchen, Huhn
prosciutto	Schinken
ragù	Fleischsauce, Ragout
ripieno	gefüllt, Füllung
riso	Reis
salsa	Sauce
salsiccia	Wurst
saltimbocca	Kalbsschnitzel mit Schinken und Salbei
secco	trocken
secondo piatto	Hauptgericht
senape	Senf
servizio compreso	Bedienung im Preis enthalten
sogliola	Seezunge
spuntini	Snacks
succo di frutta	Fruchtsaft
sugo	Sauce
tonno	Thunfisch
uovo alla coque	weich gekochtes Ei
uovo al tegame/fritto	Spiegelei
uovo sodo	hart gekochtes Ei
uova strapazzate	Rührei
verdura	Gemüse
vino bianco	Weißwein
vino rosato	Roséwein
vino rosso	Rotwein
vitello	Kalbfleisch
zucchero	Zucker
zucchini	Zucchini
zuppa	Suppe

Reiseatlas

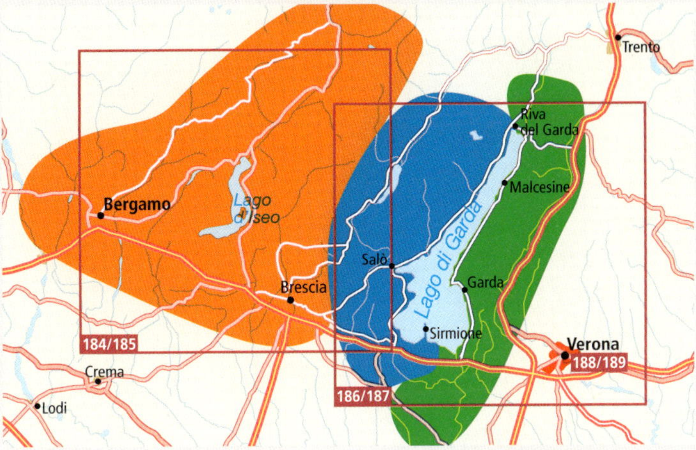

Legende

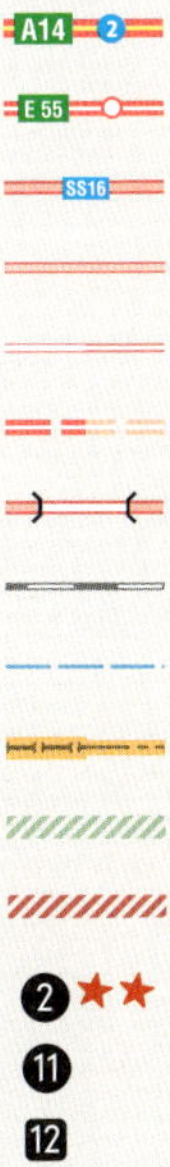

Autobahn mit Anschlussstelle

Schnellstraße mit Europastraßennr.

Fernstraße mit Nummer

Hauptstraße

Nebenstraße

Straße in Bau; Straße in Planung

Tunnel

Eisenbahn

Fähre, Schiffsverbindung

Staats-/Regionengrenze

Nationalpark; Naturpark

Sperrgebiet

Top 10

Nicht verpassen!

Nach Lust und Laune

Internationaler Flughafen

Regionaler Flughafen

Kloster; Kirche, Kapelle

Burg, Festung; Ruine

Sehenswürdigkeit

Archäologische Stätte

Turm; Leuchtturm

Wasserfall; Höhle

Berggipfel; Pass, Joch

Campingplatz; Aussichtspunkt

Information; Krankenhaus

Museum; Theater, Oper

Polizei; Post

Ankerplatz, Hafen; Badestrand

Parkhaus; Parkplatz

1 : 360 000

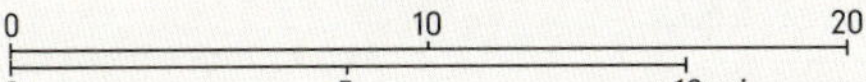

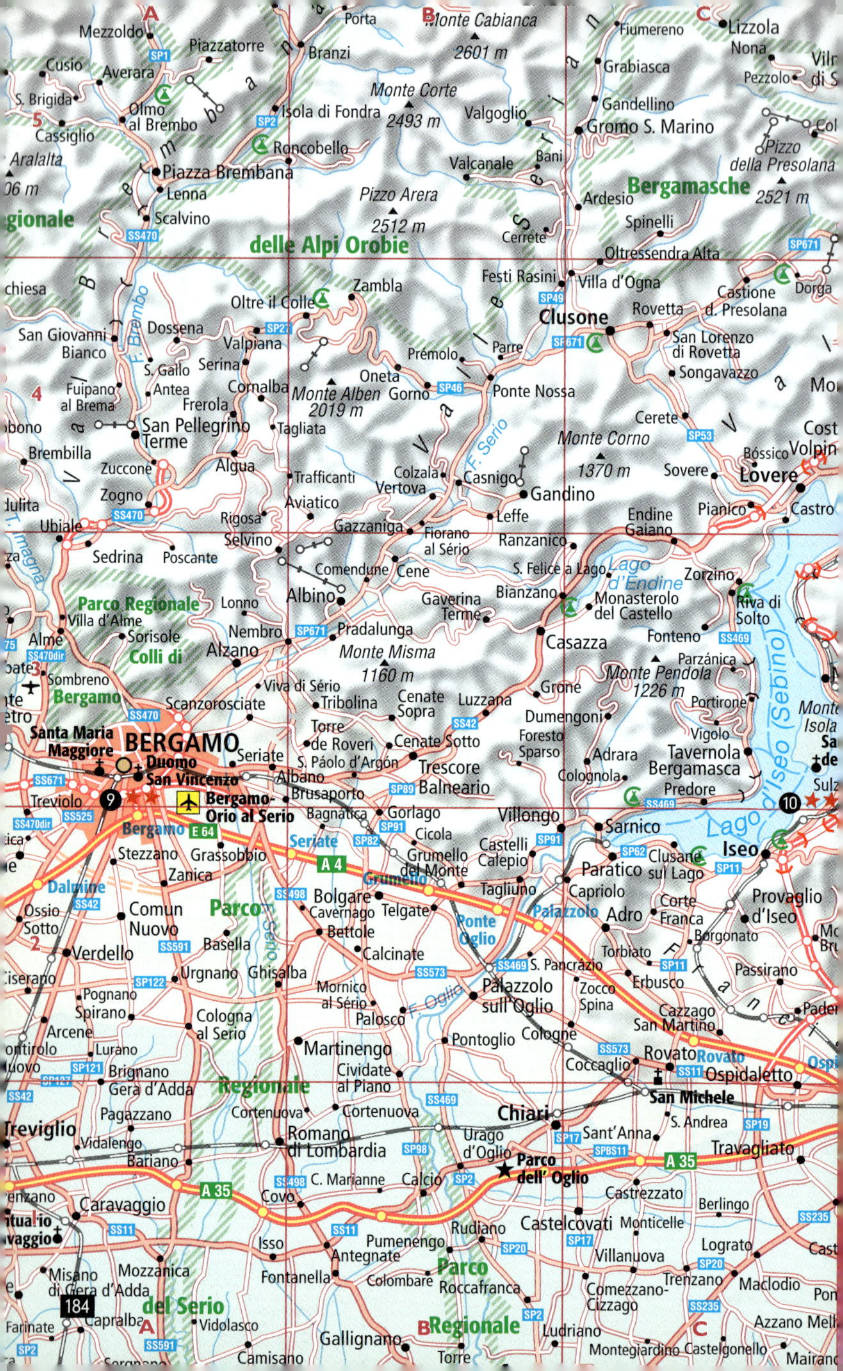

A
B
C
Mezzoldo
Porta
Monte Cabianca
2601 m
Fiumenero
Lizzola
Nona
Piazzatorre
Branzi
Grabiasca
Pezzolo
Cusio
Averara
SP1
Monte Corte
2493 m
Gandellino
S. Brigida
Olmo al Brembo
Isola di Fondra
Valgoglio
Gromo S. Marino
5
Cassiglio
SP2
Roncobello
Pizzo della Presolana
Aralalta
Piazza Brembana
Valcanale
Bani
Bergamasche
2521 m
Lenna
Pizzo Arera
2512 m
Ardesio
Scalvino
Cerrete
Spinelli
SS470
delle Alpi Orobie
Oltressendra Alta
SP671
Festi Rasini
Villa d'Ogna
Castione d. Presolana
Dorga
chiesa
Zambla
Oltre il Colle
SP49
Clusone
Rovetta
San Giovanni Bianco
Dossena
SP27
Valpiana
SP671
San Lorenzo di Rovetta
F. Brembo
Parre
Prémolo
S. Gallo
Serina
Oneta
Songavazzo
4
Fuipiano al Brema
Antea
Cornalba
Monte Alben
2019 m
Gorno
SP46
Ponte Nossa
Frerola
San Pellegrino Terme
Tagliata
Cerete
SP53
Brembilla
Monte Corno
1370 m
Cost
Volpin
Zuccone
Algua
Trafficanti
Colzalà
F. Serio
Bóssico
Sovere
Lovere
Casnigo
Zogno
Vertova
Gandino
SS470
Aviatico
Endine Gaiano
Pianico
Castro
Ubiale
Rigosa
Gazzaniga
Leffe
Selvino
Fiorano al Sério
Ranzanico
Sedrina
Poscante
S. Felice a Lago
Lago d'Endine
Zorzino
Comendune
Cene
Bianzano
Riva di Solto
Parco Regionale
Lonno
Albino
Gaverina Terme
Monasterolo del Castello
Villa d'Almè
Nembro
SP671
Pradalunga
Fonteno
Almè
Sorisole
Casazza
SS469
SS470dir
Colli di
Alzano
Monte Misma
1160 m
Parzánica
3
Sombreno
Monte Pendola
1226 m
Bergamo
Viva di Sério
Tribolina
Cenate Sopra
Luzzana
Grone
Portirone
Monte Isola
Scanzorosciate
SS470
SP42
Dumengoni
Torre de Roveri
Foresto Sparso
Vigolo
Santa Maria Maggiore
BERGAMO
Cenate Sotto
Tavernola Bergamasca
Duomo
Seriate
S. Páolo d'Argón
Adrara
SS671
San Vincenzo
Albano
Trescore Balneario
Colognola
Lago d'Iseo (Sebino)
Treviolo
9
Bergamo-Orio al Serio
Brusaporto
SP89
Predore
Sulz
SS469
10
SP470dir
SS525
Bergamo
E 64
Bagnatica
Gorlago
Villongo
Sarnico
Seriate
SP91
Cicola
SP91
Castelli Calepio
SP62
Clusane sul Lago
Iseo
Stezzano
Grassobbio
SP82
Grumello del Monte
Paratico
SP11
A 4
Zanica
Grumello
Tagliuno
Capriolo
Provaglio d'Iseo
Dalmine
SS498
Bolgare
Corte Franca
Ossio Sotto
SS42
Comun Nuovo
Parco
Cavernago
Telgate
Palazzolo
Adro
Borgonato
2
Verdello
SS591
Basella
Bettole
Ponte Oglio
F. Serio
Calcinate
Torbiato
Ciserano
Urgnano
Ghisalba
SS573
SS469
S. Pancrázio
SP11
Passirano
SP122
Erbusco
Pognano
Spirano
Mornico al Sério
Palazzolo sull'Oglio
Zocco Spina
Franciacorta
Cologna al Serio
F. Oglio
Cazzago San Martino
Arcene
Palosco
Lurano
Martinengo
Pontoglio
Cologne
SS573
Rovato
Rovato
SP121
Brignano Gera d'Adda
Cividate al Piano
Coccaglio
SS11
Ospidaletto
SP127
Regionale
San Michele
SS42
Pagazzano
Cortenuova
Cortenuova
SS469
Chiari
S. Andrea
SP19
Treviglio
Romano di Lombardia
Urago d'Oglio
Sant'Anna
SP17
Travagliato
Vidalengo
SP98
SPBS11
A 35
Bariano
Parco dell' Oglio
A 35
SS498
C. Marianne
Calcio
SP2
Castrezzato
Caravaggio
Covo
Berlingo
Monticelle
SS235
SS11
Castelcovati
Rudiano
SS11
Pumenengo
Isso
SP17
Lograto
Antegnate
SP20
Villanuova
SP20
Misano di Gera d'Adda
Mozzanica
Parco
Trenzano
Maclodio
Fontanella
Colombare
Roccafranca
Comezzano-Cizzago
184
del Serio
SS235
SP2
Capralba
Vidolasco
Regionale
Ludriano
Azzano Mella
Farinate
A
Gallignano
B
C
SP2
SS591
Camisano
Torre
Montegiardino
Castelgonello
Mairano

LOMBARDIA
Parco Regionale
dell'Adamello
Schilpario
Ronco
Pradella
Azzone
Dosso
Pàlline
Borno
Malegno
Ossimo
Cividate Camuno
Passo della Presolana 1297 m
Piancogno
Angone
Boario Terme
Sacca
Montecchio
Darfo Boario
Giánico
Artogne
Pian Camuno
Vissone
Fraine
Pisogne
Palotto
Pontásio
Zone
Cislano
Capo di Ponte
Ono San Pietro
Cimbergo
Villa
Laveno
Losine
Badetto
Ceto
Braone
Niardo
Paghera
Breno
Pescarzo
Bienno
Degna
Berzo Inferiore
Esine
Campolaro
Bazena
Passo di Croce Dominii 1892 m
Monte Ferrone 2673 m
Lago di Boazzo
d'Arno
2889 m
Monte Coro 2507 m
Limes
Monte Lavanèch 2229 m
Castel Sondino
Grotta Rossa 2192 m
Brione
Valle Dorizzo
Valle del Caffaro
Monte Frà 2160 m
Monte Colombine 2215 m
Dasdane
Ca'Rossa
Storo
F. Chiese
Riccomassimo
Lodrone
Ponte Caffaro
Cima Spes 1820 m
Bagolino
Memmo
Collio
San Colombano
Sant'Antonio
Bondone
Bovegno
Monte Ario 1757 m
Irma
Pezzaze
Pezzoro
Lavone
Presegno
Rocca d'Anfo
Anfo
Lago d'Idro
Vesta
Persone
Bisenzio
Ono Degno
Dosso di Marmentino
Navono
Vantone
Moerna
Capovalle
Tavernole sul Mella
Menegotto
Brozzo
Lodrino
Belprato
Lavenone
Pieve Vecchia
Crone
Idro
Lemprato
Lago di Valvestino
Santuario Madonna della Ceriola
Marcheno
F. Mella
Mura
Auro
Nozza
Vestone
Provéglio
Treviso Bresciano
Eno
M. Zingla 1497 m
Val Trompia
Gardone Val Trompia
Casto
Bione
Barghe
San Martino
Carvanno
M. Spino 1486 m
Rif. Pirlo
Gómbio
Polaveno
Zanano
Pieve
Sarezzo
San Faustino
Preseglie
Sabbio Chiese
Sant'Urbano
Valle Tocolano
Sonico
Agnosine
Odolo
Pavone
Vobarno
Sanico
Brione
Acquillini
Villa
San Sebastiano
Binzago
Cagnatico
Clibbio
Roe
Maclino
Civine
Carcina
Concesio
Caino
Vallio Terme
Volciano
Villa Il Vittoriale
Gardone Riviera
Saiano
Navezze
Villa Sera
Villanuova sul Clisi
Gussago
Cavezzane
Bovezzo
Nave
San Eusebio
Sopranico
Salò
Porto Portese
Isola del Garda
Cellatica
Casinette
Fostaga
Santa Maria Annunziata
Franciacorta
Ronco
Gavardo
Limone
San Felice del Benaco
Urago
Fontane
Mandolossa
Pieve Vecchia
Polpenazze del Garda
Isola San Biagio
Punta Belvedere
San Gallo
Serle
Prevalle
Balbiana
Duomo
BRESCIA
Mattina
Nuvolento
Sorzana
Paitone
Calvagese della Riviera
Manerba del Garda
Roncadelle
Botticino
Chizzoline
Brescia Ovest
Sant'Eufemia della Fonte
Mazzano
Torre
Torbole-Casaglia
Rezzato
Bedizzole
Moniga del Garda
Brescia Centro
Masciaga
Padenghe sul Garda
Fornaci
San Zeno Naviglio
Treponti
Molinetto
el Mella
Onzato
Bettole
Brescia Est
Ponte San Marco
Lido di Lonato
Flero
Sedena
Desenzano del Garda
Poncarale
Borgosatollo
Macina
Capriano del Colle
Borgo Poncarale
Castenedolo
Campo di Battaglia
Lonato
Rivoltella
Calcinatello
Calcinato
Desenzano
A 4
A 21
E 64
E 70
SS42
SS294
SPBS510
SPBS345
SPBS237
SS237
SPBS572
SS45bis
SS11
SS25
SS4
SP116
SPV
SPIV
SP79
SP50
SP48
SP3
SP19
SP10
SP22
SPIX
SP23
SPBS236
SS11
SS45bis
SP3
333

Esine
A
B
C
Passo di Croce Domini
1892 m
333
Grotta Rossa
2192 m
Castel Sondino
Brione
Cimego
Tiarno-di-Sotto
Tiarno-di-Sopra
Bezzecca
Conce
LOMBARDIA
5
Valle del Caffaro
Valle Dorizzo
Condino
Lago di Ledro
Val di L
12
F. Chiese
Lago di Ampola
Monte Frà
2160 m
Monte Colombine
2215 m
Dasdane
Ca' Rossa
SS237
Storo
SS240
Val d'Ampola
Monte Tremalzo
1974 m
Riccomassimo
Lodrone
Passo di Tremalzo
1694 m
Memmo
Collio
SPBS345
Bagolino
Ponte Caffaro
Cima Spessa
1820 m
San Colombano
SPBS237
Sant'Antonio
Bondone
Parco Regionale
Tremosine
14
Monte Ario
1757 m
18
Irma
Rocca d'Anfo
Vesta
Magasa
Cádria
Presegno
Anfo
Lago d'Idro
Persone
dell' Alto
Serme
Bisenzio
Dosso di Marmentino
SP50
4
Ono Degno
Vantone
Moerna
Pieve
Campione del Garda
Navono
Capovalle
Lavenone
Bresciano
Crone
Tignale
Pieve Vecchia
Idro
Lodrino
Belprato
SPBS237
Lemprato
Costa
Lago di Valvestino
17
Mura
Piovere
Oldesio
Auro
Nozza
185
Treviso Bresciano
Eno
Briano
Vestone
M. Zingla
1497 m
SS45bis
Brenzone
Casto
Provéglio
Valle Tocolano
Gargnano
15
Bione
Barghe
San Martino
M. Spino
1486 m
Carvanno
Castelletto di Brenzone
16
Villa
San Faustino
Preseglie
Rif. Pirlo
Bogliaco
Villa Bettoni
Sonico
Agnosine
SPBS237
Sabbio Chiese
Sant'Urbano
Gaino
SP79
Odolo
SP79
SPIV
Vobarno
Pai
Binzago
Pavone
Sanico
Cagnatico
Roe
Toscolano
Crero
San Zeno di Montagna
Clibbio
Maclino
3
Caino
Vallio Terme
Volciano
Villa Il Vittoriale
11
19
Maderno
Villa Sera
Villanuova sul Clisi
SS45bis
Gardone Riviera
29
Torri del Benaco
Monte Luppia
418 m
San Eusebio
Sopranico
Porto Portese
Isola del Garda
Castion Veronese
Bovezzo
SPBS237
SPV
Salò
Acque Fredde
Nave
Casinette
Fostaga
Santa Maria Annunziata
4
20
SR249
Ronco
Gavardo
San Felice del Benaco
San Vigilio
Garda
SP8
Limone
28
3
Pieve Vecchia
Isola San Biagio
Punta San Vigilio
San Gallo
Serle
SP116
Polpenazze del Garda
SPBS572
Punta Belvedere
Affi
Mattina
Nuvolento
Prevalle
Balbiana
Bardolino
27
Sorzana
Paitone
Calvagese della Riviera
SS25
Manerba del Garda
Botticino
Torre
Chizzoline
Cavaion Veronese
Mazzano
Moniga del Garda
Cisano
Calmasino
Rezzato
Bedizzole
Grotte di Catullo
Madonna delle Pergolana
Brescia Centro
SS45bis
Masciaga
Padenghe sul Garda
SS11
Treponti
SS4
Sirmione
Lazise
Molinetto
Lido di Lonato
1
26
SPBS236
Brescia Est
Ponte San Marco
SP5
Macina
SS11
Sedena
Desenzano del Garda
SR249
Castenedolo
21
Fossalta
Campo di Battaglia
Lonato
SS11
Rivoltella
Colombare
Gardaland
25
Pacengo
Calcinatello
Calcinato
SS11
Lugana
Desenzano
SR11
Le Tassere
Peschiera del Garda
Vighizzolo
SS343
SS567
SR450
Brescia-Montichiari G. d'Annunzio
Centenaro
A 4
E 70
22
Sirmione
24
Castelnuovo del Garda
Ro
Montichiari
Esenta
San Martino della Battaglia
Madonna del Frassino
SP13
Peschiera
Ghedi
SPBS236
Castel Venzago
Ponti sul Mincio
SPBS668
Abbazia di San Vigilio
Pozzolengo
SS567
SP19
Salionze
SP27
Case Oriani
Novagli
Castiglione delle Stiviere
SP8
Castellaro Lagusello
SR249
F. Chiese
Monte Rosso
Malpaga
SS343
Monzambano
Pozzo Catena
186
Parco Giardino Sigurtà
22
Solferino
Borghetto
23
Valeggio sul Mincio
Calvisano
Mezzane
Carpenedolo
San Cassiano
SP20
SS343
S. Vigilio
SP8
Cavriana
Campagnolo
SP37
SS236

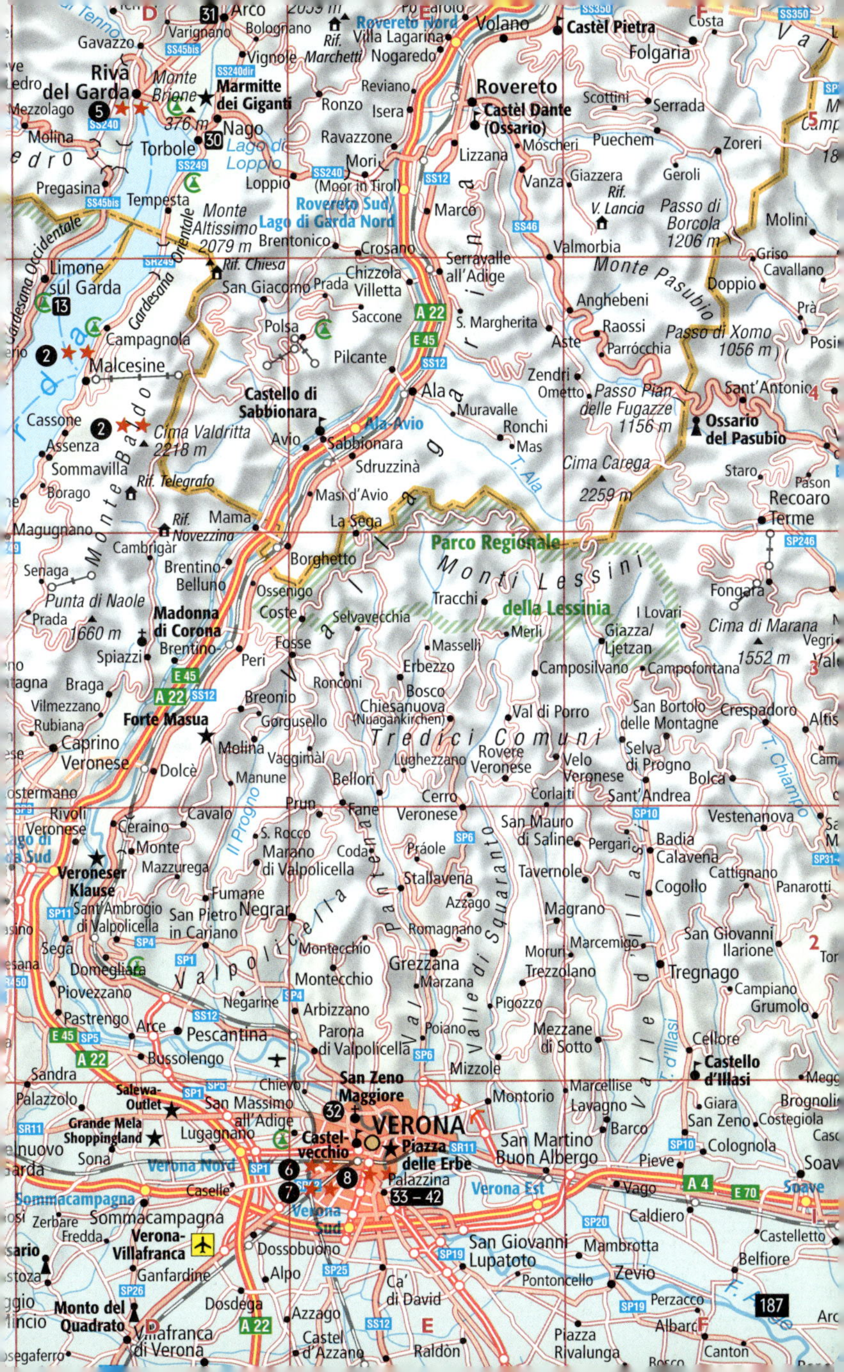
Arco
Varignano
Bolognano
Rif. Marchetti
Rovereto Nord
Villa Lagarina
Nogaredo
Volano
Castèl Pietra
Folgaria
Costa
Gavazzo
Vignole
Riva del Garda
Monte Brione 376 m
Marmitte dei Giganti
Reviano
Ronzo
Isera
Rovereto
Castèl Dante (Ossario)
Scottini
Serrada
Mezzolago
Molina
Torbole
Nago
Lago di Loppio
Ravazzone
Mori
Lizzana
Moscheri
Puechem
Zoreri
Loppio
(Moor in Tirol)
Vanza
Giazzera
Geroli
Pregasina
Tempesta
Rif. V. Lancia
Monte Altissimo 2079 m
Rovereto Sud/ Lago di Garda Nord
Marco
Passo di Borcola 1206 m
Molini
Brentonico
Crosano
Serravalle all'Adige
Valmorbia
Griso
Cavallano
Limone sul Garda
Rif. Chiesa
Chizzola
Villetta
Monte Pasubio
Doppio
San Giacomo
Prada
Anghebeni
Prà
Polsa
Saccone
S. Margherita
Raossi
Parrócchia
Passo di Xomo 1056 m
Posina
Campagnola
Pilcante
Aste
Gardesana Occidentale
Gardesana Orientale
Malcesine
Zendri
Ometto
Passo Pian delle Fugazze 1156 m
Sant'Antonio
Castello di Sabbionara
Ala
Muravalle
Cassone
Cima Valdritta 2218 m
Ala-Avio
Ronchi
Ossario del Pasubio
Assenza
Avio
Sabbionara
Mas
Sommavilla
Sdruzzinà
Cima Carega 2259 m
Staro
Borago
Rif. Telegrafo
Masi d'Avio
T. Ala
Pason
Recoaro Terme
Monte Baldo
Magugnano
Rif. Novezzina
Mama
La Sega
Parco Regionale della Lessinia
Cambrigàr
Borghetto
Monti Lessini
Senaga
Brentino-Belluno
Ossenigo
Tracchi
Fongara
Punta di Naole 1660 m
Coste
Selvavecchia
I Lovari
Prada
Madonna di Corona
Merli
Giazza/ Ljetzan
Cima di Marana 1552 m
Spiazzi
Brentino-
Fosse
Masselli
Peri
Erbezzo
Camposilvano
Campofontana
Braga
Ronconi
Bosco
Vilmezzano
Breonio
Chiesanuova (Nuagankirchen)
Val di Porro
San Bortolo delle Montagne
Crespadoro
Rubiana
Forte Masua
Gorgusello
Caprino Veronese
Molina
Vaggimàl
Tredici Comuni
Selva di Progno
Dolcè
Lughezzano
Rovere Veronese
Velo Veronese
Manune
Bellori
Bolca
Corlaiti
Sant'Andrea
Rivoli Veronese
Prun
Fane
Cerro Veronese
T. Chiampo
Ceraino
Cavalo
San Mauro di Saline
Vestenanova
S. Rocco
Badia Calavena
Monte
Il Progno
Marano di Valpolicella
Coda
Práole
Pergari
Veroneser Klause
Mazzurega
Stallavena
Tavernole
Cattignano
Cogollo
Panarotti
Fumane
Azzago
Magrano
Sant'Ambrogio di Valpolicella
San Pietro in Cariano
Negrar
Romagnano
Valle di Squaranto
San Giovanni Ilarione
Sega
Montecchio
Grezzana
Moruri
Marcemigo
Domegliara
Montecchio
Trezzolano
Tregnago
Valpolicella
Piovezzano
Marzana
Campiano
Negarine
Arbizzano
Pigozzo
Grumolo
Pastrengo
Val Pantena
Poiano
Mezzane di Sotto
Valle d'Illasi
Arce
Pescantina
Parona di Valpolicella
T. d'Illasi
Cellore
Bussolengo
Castello d'Illasi
Sandra
Chievo
San Zeno Maggiore
Mizzole
Montorio
Marcellise
Palazzolo
Salewa-Outlet
San Massimo all'Adige
Lavagno
Brognoligo
Grande Mela Shoppingland
Lugagnano
Castel-vecchio
VERONA
Piazza delle Erbe
San Martino Buon Albergo
Barco
Giara
San Zeno
Costegiola
Sona
Colognola
Verona Nord
Pieve
Soave
Caselle
Palazzina
Verona Est
Vago
Sommacampagna
Sommacampagna
Verona Sud
Caldiero
Zerbare
Fredda
Verona-Villafranca
Dossobuono
Castelletto
Mambrotta
San Giovanni Lupatoto
Belfiore
Ganfardine
Alpo
Zevio
Pontoncello
Ca' di David
Dosdega
Perzacco
Monte del Quadrato
Villafranca di Verona
Azzago
Castel d'Azzano
Raldòn
Piazza Rivalunga
Albaro
Canton
Fredda
A 22
A 4
E 45
E 70

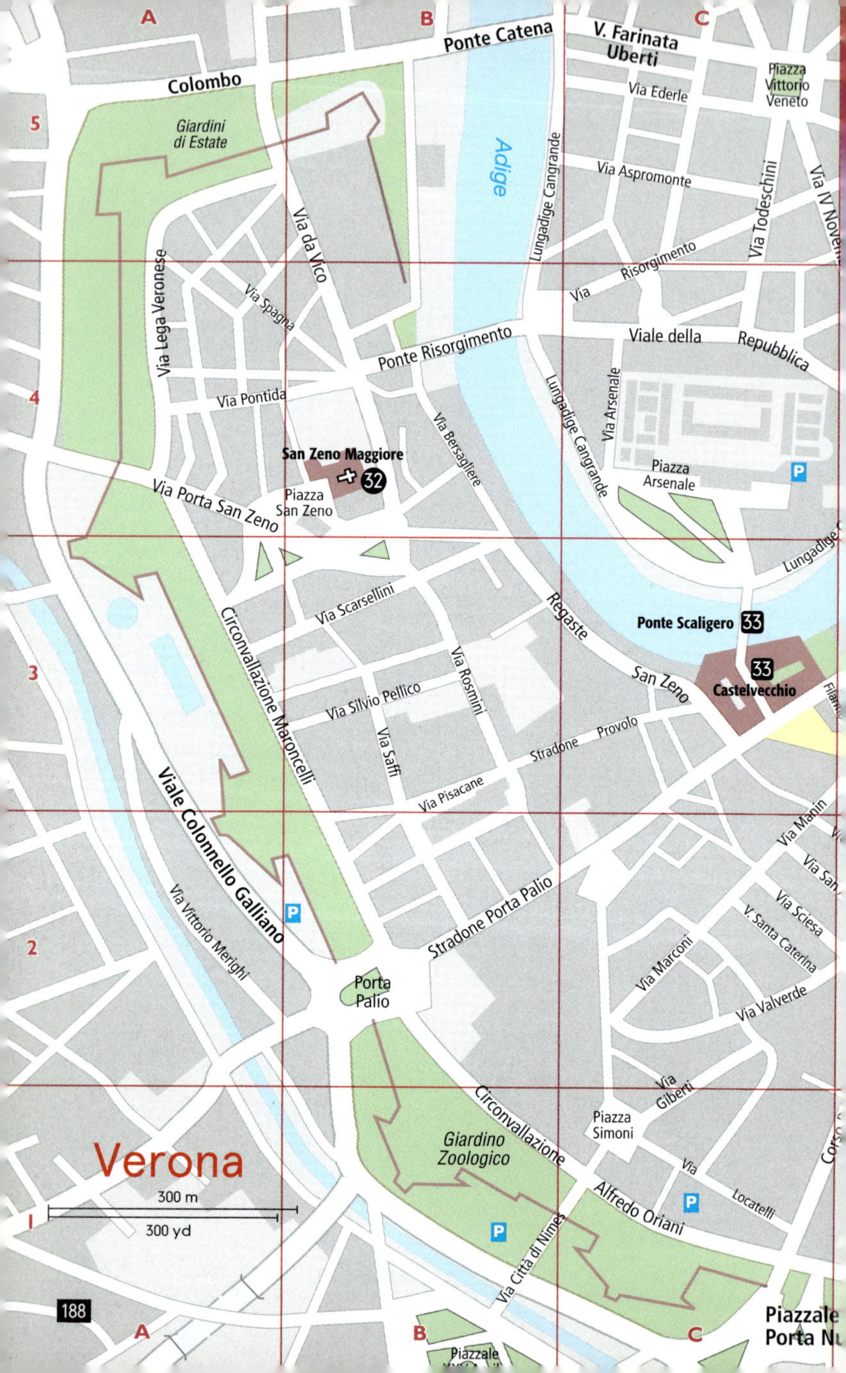
Verona
300 m
300 yd
A
B
C
5
4
3
2
1
Ponte Catena
V. Farinata Uberti
Colombo
Piazza Vittorio Veneto
Via Ederle
Giardini di Estate
Adige
Lungadige Cangrande
Via Aspromonte
Via Todeschini
Via IV Novembre
Via da Vico
Via Lega Veronese
Via Spagna
Via Risorgimento
Ponte Risorgimento
Viale della Repubblica
Via Pontida
Via Bersagliere
Lungadige Cangrande
Via Arsenale
San Zeno Maggiore
32
Piazza Arsenale
Via Porta San Zeno
Piazza San Zeno
Lungadige
Via Scarsellini
Regaste San Zeno
Ponte Scaligero
33
Castelvecchio
33
Circonvallazione Maroncelli
Via Rosmini
Via Silvio Pellico
Via Saffi
Stradone Provolo
Via Pisacane
Viale Colonnello Galliano
Via Manin
Via Sciesa
V. Santa Caterina
Via Vittorio Merighi
Stradone Porta Palio
Via Marconi
Via Valverde
Porta Palio
Via Giberti
Circonvallazione Alfredo Oriani
Piazza Simoni
Giardino Zoologico
Via Locatelli
Via Città di Nimes
Piazzale Porta Nuova
Piazzale

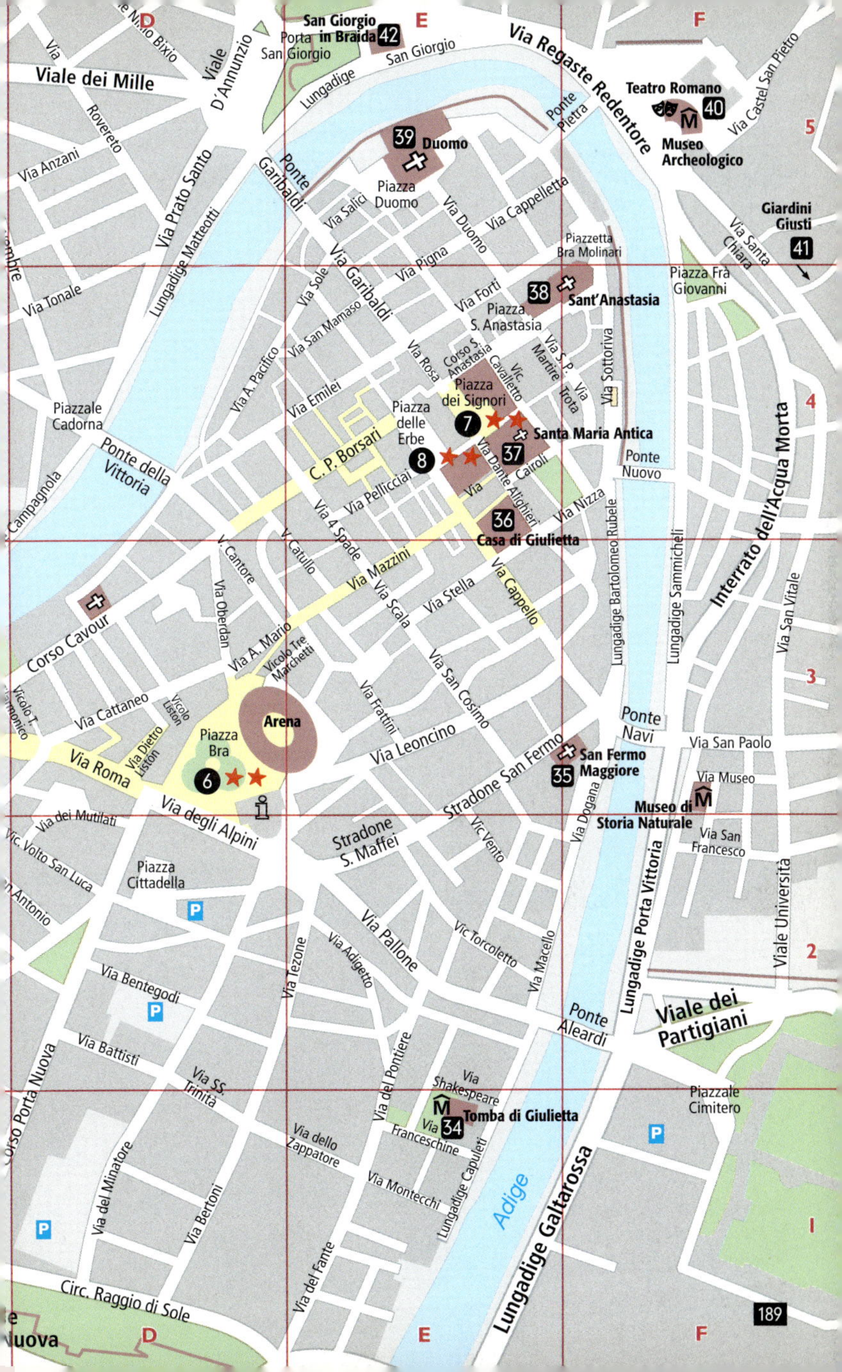
San Giorgio in Braida 42
Porta San Giorgio
Lungadige San Giorgio
Via Regaste Redentore
Teatro Romano 40
Museo Archeologico
Via Castel San Pietro
Viale dei Mille
Viale D'Annunzio
Via Nino Bixio
Rovereto
Via Anzani
Via Prato Santo
Ponte Garibaldi
39 Duomo
Piazza Duomo
Ponte Pietra
Via Salici
Via Duomo
Via Cappelletta
Giardini Giusti 41
Via Santa Chiara
Piazzetta Bra Molinari
Piazza Frà Giovanni
Lungadige Matteotti
Via Tonale
Via Garibaldi
Via Sole
Via Pigna
Via Forti
38 Sant'Anastasia
Piazza S. Anastasia
Via San Mamaso
Via Rosa
Corso S. Anastasia
Vic. Cavalletto
Via Martire
Via S. P. Trota
Via Sottoriva
Piazzale Cadorna
Via A. Pacifico
Via Emilei
Piazza dei Signori
Piazza delle Erbe
7
8
Santa Maria Antica
37
Ponte Nuovo
Ponte della Vittoria
Campagnola
C. P. Borsari
Via Pellicciai
Via Dante Alighieri
Cairoli
Via Nizza
Interrato dell'Acqua Morta
36 Casa di Giulietta
V. Cantore
V. Catullo
Via 4 Spade
Via Mazzini
Via Oberdan
Via Stella
Via Cappello
Via Scala
Lungadige Bartolomeo Rubele
Lungadige Sammicheli
Via San Vitale
Corso Cavour
Via A. Mario
Vicolo Tre Marchetti
Via San Cosimo
Arena
Via Cattaneo
Vicolo Liston
Piazza Bra
6
Via Frattini
Via Leoncino
Ponte Navi
Via San Paolo
San Fermo Maggiore 35
Stradone San Fermo
Via Museo
Museo di Storia Naturale
Via Roma
Via Dietro Liston
Via degli Alpini
Via dei Mutilati
Vic. Volto San Luca
Piazza Cittadella
Stradone S. Maffei
Vic Vento
Via Dogana
Via San Francesco
Lungadige Porta Vittoria
Viale Università
Via Pallone
Vic Torcoletto
Via Macello
Via Tezone
Via Adigetto
Via Bentegodi
Ponte Aleardi
Viale dei Partigiani
Via Battisti
Via SS. Trinità
Via del Pontiere
Via Shakespeare
Tomba di Giulietta 34
Via Franceschine
Piazzale Cimitero
Corso Porta Nuova
Via dello Zappatore
Via Montecchi
Lungadige Capuleti
Adige
Lungadige Galtarossa
Via del Minatore
Via Bertoni
Via del Fante
Circ. Raggio di Sole
D
E
F
1
2
3
4
5

Register

BILDNACHWEIS

AA/A. Mockford & N. Bonetti: S. 113, 164

age fotostock/Lookphotos: S. 19, 148

Toni Anzenberger: S. 5 oben u. unten, 6 (8) u. 111, 6 (10) u. 140, 9, 10 unten, 12/13, 15, 23 unten links, 32, 40, 40/41, 48 unten rechts, 53 oben u. unten rechts, 57, 66/67, 71 oben u. Mitte, 72, 72/73, 78, 79, 88, 90, 91, 94, 101 oben u. Mitte, 103, 105, 114, 115, 117, 119, 131, 143, 144 oben, 159, 162, 172/173

ClickAlps/Lookphotos: S. 139

DuMont Bildarchiv/Michael Riehle: S. 6 (1) u. 43, 6 (3) u. 80, 6 (5) u. 85, 24, 26, 27, 39 oben u. unten, 41, 42, 46, 48 unten links, 51 unten rechts, 53 unten rechts, 54, 55, 56, 58, 60, 61, 62, 65, 71 u., 73, 77 oben u. unten links/rechts, 81, 82, 87, 102/103, 152/153, 155, 163, 167

DuMont Bildarchiv/Sabine Lubenow: S. 6 (6) u. 96/97, 25, 28, 29, 30, 102, 104, 121, 122

DuMont Bildarchiv/Thilo Weimar: S. 6 (7) u. 109, 6 (9) u. 133, 14, 17 oben u. unten links/ rechts, 31 oben links u. unten links, 31 rechts, 33, 51 oben, 64, 89, 101 u., 112, 129 links/ rechts, 132, 134, 135 oben und unten links/ rechts, 136, 144 unten links/rechts, 146, 147 links/rechts, 151, 169 oben u. unten links/ rechts

Huber Images/Günter Gräfenhain: S. 141

Huber Images/Luca Da Ros: S. 6 (2) u. 75

Huber Images/Luigi Vaccarella: S. 18

Huber Images/Massimo Ripani: S. 130 links

Huber Images/Matteo Carassale: S. 130 rechts

Huber Images/Stefano Scatà: S. 150

Huber Images/TC: S. 10 oben, 23 oben rechts, 34/35

laif/Tobias Gerber: 6 (4) u. 47, 51 unten links

LOOK-foto/TerraVista: S. 48 oben

mauritius images/John Warburton-Lee: S. 108

Titelbild: U1 oben: Tobias Gerber/laif
U1 unten: Zahn/laif
U8: Tobias Gerber/laif

© MAIRDUMONT GmbH & Co. KG
VERLAG KARL BAEDEKER

4. Aufl. 2019
Völlig überarbeitet und neu gestaltet

Text: Jochen Müssig, Richard Sale, Frances Wolverton
Übersetzung: Brigitte Beier, Beatrix Gehlhoff, Raphaela Moczynski
Redaktion & Gestaltung: Robert Fischer (www.vrb-muenchen.de)
Projektleitung: Dieter Luippold
Programmleitung: Birgit Borowski
Chefredaktion: Rainer Eisenschmid

Kartografie: © MAIRDUMONT GmbH & Co. KG, Ostfildern
3D-Illustrationen: jangled nerves, Stuttgart

Anzeigenvermarktung: MAIRDUMONT MEDIA
Tel. 0711 45 02-0, media@mairdumont.com
media.mairdumont.com

Printed in Poland

Trotz aller Sorgfalt von Autoren und Redaktion sind Fehler und Änderungen nach Drucklegung leider nicht auszuschließen. Dafür kann der Verlag keine Haftung übernehmen. Berichtigungen, Kritik und Verbesserungsvorschläge sind uns jederzeit willkommen, bitte informieren Sie uns unter:

Verlag Karl Baedeker / Redaktion
Postfach 3162
D-73751 Ostfildern
Tel. 0711 45 02-262
smart@baedeker.com
www.baedeker.com

Meine Notizen